**Josef Hülkenberg, Hrsg.**

# Der Würde wegen

**Ein Zwischenbericht zur**

**INITIATIVE VERFASSUNGSKONVENT**

Mit Beiträgen von

Ute Behrens, Hamburg

Ralph Boes, Berlin

Dr. Hans-Jochen Gscheidmeyer, Bremen

Heiko Lietz, Schwerin

tredition®
www.tredition.de

# Inhalt

Der Bürger hat das Recht und die Pflicht,

die Regierung zur Ordnung zu rufen,

wenn er glaubt,

dass sie demokratische Rechte missachtet!

Dr. Gustav Heinemann,
Bundespräsident 1969-1974

# Vorwort des Herausgebers

Demokratie – auf dieses Etikett erhebt jede Regierungsform Anspruch, bei der das Staatsvolk durch einen gelegentlichen Wahlakt einer parlamentarisch getragenen Regierung für einen begrenzten Zeitraum die politische Entscheidungsmacht überträgt.

Auch wenn politische Vorhaben und getroffene Regierungsentscheidungen auf breiten Widerstand in der Bevölkerung stoßen, gelten sie als gültig. Schließlich hat das Volk ihnen ja die Macht gegeben. Inzwischen erfahren immer mehr Bürger, wie in solchem Demokratietyp lobbygestützte Interessen gegen das Volk gewendet werden können.

Demokratie ist im Wesen der Menschen verankert, also anthropologisch begründet. Meine Überlegungen zu solchem modernen Demokratieverständnis habe ich im Herbst 2015 vorgelegt.[1] Die Grundansprüche an Demokratie sind im spezifischen kulturellen und nationalen Engagement zu konkretisieren. Im vorliegenden Buch geht es um das diesbezügliche Engagement von Bürgern der Bundesrepublik in einem konkreten Projekt.

Demokratieentwicklung und Demokratiereform sind als gesellschaftlicher Gestaltungsauftrag keineswegs an universitäre Fachinstitute, parteitreue Stiftungen oder regierungsamtliche Zentralen für politische Bildung gebunden. Interessierte Bürger bilden sich selbst Meinung und Urteil zu den Grundlagen der politischen Ordnung.

Mein Dank gilt den Mitautoren Ute Behrens, Ralph Boes, Dr. Hans-Jochen Gscheidmeyer und Heiko Lietz, die ihre Überlegungen zu den Werten des Grundgesetzes in dieses Buch einbrachten.

Das Engagement der Initiative Verfassungskonvent und der hier vorgelegte Zwischenbericht zielen auf Entfaltung und Sicherung moderner Demokratie in der Bundesrepublik Deutschland als Grundbedingung für ein gemeinsames demokratisches Europa.

---

[1] Hülkenberg, Nur mal angenommen ... ... Demokratie ginge anders, tredition 2015

# A. Nachdenken über Grund- und Menschen-rechte

Wenn Du das Leben begreifen willst,

glaube nicht einfach, was man sagt

und was man schreibt,

sondern beobachte selbst

und denke nach.

Anton Tschechow  (1860-1904), russischer Schriftsteller

# Macht die Menschenrechte einklagbar

**Heiko Lietz**

*Wie geht die Bundesrepublik Deutschland mit den Menschenrechten um?*

Kurz nach Ende des 2. Weltkriegs kamen Vertreter von 51 Nationen zusammen mit dem festen Willen, künftige Geschlechter vor der Geißel des Krieges zu bewahren. Sie gründeten am 26. Juni 1945 in San Francisco die Organisation mit dem Namen „Vereinte Nationen".

Sie bekräftigten dabei den Glauben an die Grundrechte des Menschen, an Würde und Wert der menschlichen Persönlichkeit und versprachen sich gegenseitig nach einem der verheerendsten Kriege, zukünftig als gute Nachbarn in Frieden miteinander zu leben.

Etwa 3 Jahre später, am 10. Dezember 1948, verkündete die Generalversammlung der Vereinten Nationen in Paris nach intensiven Verhandlungen und Gesprächen die Allgemeine Erklärung der Menschenrechte.

Diese Erklärung solle das gemeinsam zu erreichende Ideal für alle Völker und Nationen sein.

In der Präambel sowie 30 Artikeln sind die wichtigsten Grundlagen und Ziele für das gedeihliche Zusammenleben der Menschen und Völker zusammengefasst.

Die Erklärung benennt die Würde, die allen Menschen innewohnt, als DIE Grundbedingung für Freiheit, Gerechtigkeit und Frieden in der Welt.

Um diese Würde nicht zu gefährden, bedarf es der Herrschaft des Rechts, das die Menschen und ihre Rechte schützt und sie vor Tyrannei und Unterdrückung bewahrt.

Die Mitgliedstaaten verpflichten sich abschließend, die allgemeine Achtung und Verwirklichung der Menschenrechte und Grundfreiheiten durchzusetzen. Als man in den Vereinten Nationen nun daran ging, die zunächst unverbindliche Willenserklärung in feste rechtliche Vereinbarungen zwischen den einzelnen Nationen zu formen, erwies sich dies als sehr schwierig. Denn schon kurz nach Beendigung des 2. Weltkriegs zerfiel die Anti-Hitler-Koalition der Alliierten in zwei sich gegenseitig befeindende Blöcke. Auch in der Bewertung der Menschenrechte gingen sie sehr unterschiedliche Wege.

In den bürgerlichen Staaten Westeuropas und Amerikas hatte der Kampf für die bürgerlichen und politischen Rechte in der amerikanischen Unabhängigkeitserklärung 1776 sowie der französischen Revolution 1789 bei der Befreiung von Despotie, Absolutismus und Klerikalismus eine zentrale Rolle gespielt. Diese einklagbaren Rechte waren für die freien und unabhängigen Bürger der Garant bei der Herausbildung eines demokratischen Gemeinwesens. Man nennt sie deswegen im Rückblick auch die Menschenrechte der ersten Generation.

Eine andere Situation entstand, als sich im Frühkapitalismus des 19. Jahrhunderts die wirtschaftlichen, sozialen und gesellschaftlichen Spannungen massiv vergrößerten und es zu immer stärkeren innergesellschaftlichen Verwerfungen kam. Jetzt bekamen die berechtigten Forderungen nach sozialer Sicherheit, gesicherter Arbeit und Bildung sowie kultureller Anteilnahme am gesellschaftlichen Leben für die davon Betroffenen eine immer größere Bedeutung. Sie forderten für sich immer stärker das elementare Recht auf ein menschenwürdiges Leben und auf gesellschaftliche Teilhabe ein. In einem Teil dieser Erde erkämpften sie sich schließlich dieses Menschenrecht in einem revolutionären

Prozess, in anderen Teilen kamen sie ihm nur mühsam auf dem Weg der Reformen näher. Diese wirtschaftlichen, sozialen und kulturellen Menschenrechte nennt man rückblickend auch Menschenrechte der zweiten Generation.

Die jeweiligen politischen Lager innerhalb der Vereinten Nationen favorisierten deswegen stärker den Teil der Menschenrechte, der ihrer historischen Erfahrung und ihrem politischen und gesellschaftlichen Selbstverständnis entsprach.

An diesem Konflikt wäre der 1948 gefasste Beschluss der Vereinten Nationen fast gescheitert, der Willenserklärung der Menschenrechte feste Vereinbarungen folgen zu lassen.

Da jedoch beide Seiten ihr Gesicht wahren wollten, einigten sie sich schließlich darauf, die Menschenrechte in ihrer Gesamtheit auseinander zu teilen und sie in zwei voneinander getrennte Pakte zu sortieren: in den Pakt über bürgerliche und politische Rechte (Artikel 1-21) sowie den Pakt über wirtschaftliche, soziale und kulturelle Rechte (Artikel 22 - 27). Im Dezember 1966 wurden beide Pakte dann von der Vollversammlung der Vereinten Nationen gemeinsam verabschiedet. Rechtskräftig wurden diese beiden Pakte aber erst 1976, als sie jeweils von 35 Staaten unterschrieben waren.

Unterzeichnet wurden beide Pakte auch von den beiden deutschen Staaten, nachdem sie 1973 als Vollmitglieder in die Vereinten Nationen aufgenommen wurden. In ihren Argumenten, Stellungnahmen und Bewertungen schlossen sie sich dabei der herrschenden Bewertung und Interpretation des jeweiligen Blocks an, in die sie politisch und militärisch eingebunden waren.

Auf der 2. Menschenrechtskonferenz der Vereinten Nationen, die 1993 in Wien stattfand, nahmen 171 Staaten teil.

Auf dieser Konferenz wurde zunächst sehr kontrovers diskutiert, ob die Menschenrechte wirklich universellen Charakter haben.

Am Ende einigte man sich aber nach zähen Verhandlungen in der „Wiener Deklaration" auf folgenden einmütigen Beschluss:

Zitat: „Zwar ist die Bedeutung nationaler und regionaler Besonderheiten und unterschiedlicher historischer, kultureller und religiöser Voraussetzungen in Auge zu behalten, doch ist es die Pflicht der Staaten, ohne Rücksicht auf ihre jeweilige politische, wirtschaftliche und kulturelle Ordnung alle Menschenrechte und Grundfreiheiten zu fördern und zu schützen".

Die „Wiener Deklaration" war seitdem die von allen anerkannte neue Geschäftsgrundlage für den weiteren wichtigen Diskurs, wie die Universalität der Menschenrechte angemessen in den jeweiligen nationalen Kontext umgesetzt werden kann.

Zunächst einmal ist festzustellen, dass die Bundesrepublik Deutschland seit ihrem Beitritt in die UNO 1973 alle Menschenrechtspakte, Erklärungen und Beschlüsse der Vereinten Nationen unterzeichnet und sich damit zu eigen gemacht hat, auch den Pakt über wirtschaftliche, soziale und kulturelle Rechte. Dabei verpflichtete sie sich ausdrücklich, nach und nach mit allen geeigneten Mitteln die volle Verwirklichung der in diesem Pakt anerkannten Rechte zu erreichen.

Zu ihnen gehören u.a. das Recht auf Arbeit, auf gerechte und günstige Arbeitsbedingungen, das Recht auf einen angemessenen Lebensstandard und das Recht eines jeden, am kulturellen Leben teilzunehmen.

Auf der UNO-Menschenrechtskonferenz 1993 in Wien hat die Bundesrepublik damit noch einmal ausdrücklich unterstrichen, dass sie in Zukunft eine unterschiedliche Bewertung und Gewichtung der beiden Menschenrechtspakte ausschließt.

Sieht man sich jedoch die Praxis der politischen Führungseliten genauer an, so muss mit Bedauern festgestellt werden, dass sie ihren international abgegebenen Verpflichtungen nur unzureichend nachkommt.

Das beginnt schon mit der sehr unterschiedlichen Gewichtung der Menschenrechte im Grundgesetz, das 1949 in Kraft trat.

In den Artikeln 1-19 bekennt sich die Bundesrepublik zu den unveräußerlichen Grundrechten, die jedem Menschen zustehen. Schaut man sich diese Grundrechte nun einmal genauer an, so ist folgendes festzustellen: Die politischen und bürgerlichen Menschenrechte, also die Menschenrechte der 1. Generation, sind komplett als Abwehr- und Freiheitsrechte des Individuums gegenüber dem Staat im 1. Kapitel des Grundgesetzes aufgenommen worden. Werden sie vom Staat nicht respektiert, kann der Einzelne sie dem Staat gegenüber auf nationaler, und wenn das nicht hilft, auf internationaler Ebene einklagen. Das dafür notwendige Fakultativprotokoll, in dem das Verfahren im Einzelnen festgelegt ist, wurde mit den beiden Pakten ebenfalls 1966 von der UNO verabschiedet.

Die wirtschaftlichen, sozialen und kulturellen Menschenrechte aber, wie das Recht auf Arbeit bzw. Arbeitsförderung, das Recht auf soziale Sicherung einschließlich einer Grundsicherung in bestimmten Fällen, das Recht auf eine angemessene Wohnung ebenso das Recht auf Bildung wurden in diesem Kapitel des Grundgesetzes nicht aufgenommen. Gerechtfertigt wird dieses Auswahlverfahren in der Argumentation von Politikern und Juristen damit, dass ihnen nur die Bedeutung einer politischen Absichtserklärung mit geringer rechtlicher Verpflichtungskraft eingeräumt werden könne. Denn, so wird weiter argumentiert, der Staat könne einen gesetzlich einklagbaren Einspruch des einzelnen nicht einlösen, wenn er nicht selber z. B. über Arbeitsplätze verfügt.

Nun könnte man einwenden, dass es 1949 noch keine rechtsverbindlichen Pakte für die Menschenrechte gab. Außerdem gehörte die Bundesrepublik zum damaligen Zeitpunkt noch nicht zu den Mitgliedern der UNO. Aber spätestens mit dem Eintritt in die Vereinten Nationen im Jahr 1973 und der Unterzeichnung beider Menschenrechtspakte hätte sie das Grundgesetz um entsprechende Passagen mit einer 2/3 Mehrheit durchaus erweitern können. Denn es ist für die Rechtsprechung ein wesentlicher Unterschied, ob bestimmten Sachverhalten Verfassungsrang zuerkannt wird oder ob sie nur in einem einfachen Gesetz geregelt werden.

Doch der Bundesrepublik bot sich nach dieser verpassten Gelegenheit eine zweite und viel größere nach der friedlichen Revolution 1989 an. Als sich 1990 in deren Folge beide deutsche Staaten zu einem neuen gemeinsamen Staat vereinigten und damit die über Jahrzehnte erlittene Trennung der deutschen Volkes beendeten, war eine grundlegend neue Situation entstanden.

Endlich war die Zeit gekommen, in der sich das deutsche Volk, nun vereinigt, per Volksentscheid selber eine Verfassung geben konnte, wie es Artikel 146 des Grundgesetzes zwingend vorschreibt.

Um diesen souveränen Akt vorzubereiten, wurde im Einigungsvertrag im Artikel 5 festgelegt, dass eine Verfassungskommission des neu gewählten gesamtdeutschen Bundestages diese Vorarbeit innerhalb von 2 Jahren leisten sollte. Am Ende ihrer Arbeiten sollte dann der Verfassungstext zur Volksabstimmung vorliegen.

Für das ganze deutsche Volk war es eine einmalige Chance, über ihre politischen Erfahrungen der letzten 40 Jahre im Westen und der friedlichen Revolution im Osten das erste Mal in seiner Geschichte einen intensiven öffentlichen politischen Diskurs über die Verfassung zu führen und diesen in die neue Verfassung einmünden zu lassen.

Aber diese einmalige Chance wurde vorsätzlich von einem großen Teil der politischen Elite, vor allem aber von denen aus der CDU und der FDP verweigert. Im Bundestag konnte so nicht die dafür nötige 2/3 Mehrheit hergestellt werden. Das Grundgesetz blieb deswegen mit geringfügigen Erweiterungen bis auf den heutigen Tag weiter in Kraft.

Mit der Arbeitsverweigerung und dem faktischen Vertragsbruch des Einigungsvertrages hatte der 1. gemeinsame Bundestag eine historische Chance verpasst, das Grundgesetz in eine gesamtdeutsche Verfassung zu überführen. Stattdessen schob und schiebt die politische und wirtschaftliche Elite im vereinigten Deutschland dringend erforderliche Veränderungen für die reale Einhaltung aller Menschenrechte und ihre verfassungsmäßige Verankerung weiter vor sich her. Deswegen hat sich auch die Bundesrepublik bis heute geweigert, das inzwischen von der UNO 2008 beschlossene Fakultativprotokoll zu den wirtschaftlichen, sozialen und kulturellen Menschenrechten im Bundestag zu verabschieden. Sie macht damit den Bundesbürgern den Weg zu einer Klage vor dem Ausschuss für wirtschaftliche, soziale und kulturelle Rechte der UNO wegen Verweigerung dieser Menschenrechte weiterhin unmöglich, weil erst die Unterzeichnung dieses Fakultativprotokolls die

Voraussetzung dafür schafft, seine Rechte auch vor diesem Ausschuss einzufordern, wenn auf nationaler Ebene diese einklagbaren Grundrechte verweigert werden.

Es muss bedauerlicherweise festgestellt werden, dass die Beschlüsse der Vereinten Nationen über die Unteilbarkeit der Menschenrechte im politischen Bewusstsein wichtiger staatstragender Parteien bis heute immer noch nicht angekommen sind.

Viel problematischer ist, dass diese Parteien mit der unterschiedlichen Einordnung der Menschenrechte den Artikel 1 des Grundgesetzes: „Die Würde des Menschen ist unantastbar", ständig unterlaufen.

Sie tasten mit ihrer politischen Einseitigkeit die Würde vieler Menschen in diesem Land, die von der gesellschaftlichen Teilhabe massiv ausgegrenzt werden, auch weiterhin an und verletzen sie in rechtswidriger Weise.

Es ist endlich an der Zeit, 27 Jahre nach der friedlichen Revolution und 23 Jahre nach der Wiener Deklaration den Kampf um die Universalität und Unteilbarkeit aller Menschenrechte im vereinten Deutschland entschieden weiterzuführen und zu einem guten Ende zu bringen. Wenn es dabei zu einer grundlegenden Veränderung der spätkapitalistischen Verhältnisse in der Bundesrepublik kommen müsste, damit die Würde der Menschen in Zukunft nicht mehr angetastet wird, dann wäre das sicher eine lohnende Perspektive.

# Die Würde retten

**Ralph Boes** zum

### Artikel 1 GG

(1) Die Würde des Menschen ist unantastbar. Sie zu achten und zu schützen ist Verpflichtung aller staatlichen Gewalt.

(2) Das deutsche Volk bekennt sich darum zu unverletzlichen und unveräußerlichen Menschenrechten als Grundlage jeder menschlichen Gemeinschaft, des Friedens und der Gerechtigkeit in der Welt.

(3) Die nachfolgenden Grundrechte binden Gesetzgebung, vollziehende Gewalt und Rechtsprechung als unmittelbar geltendes Recht.

„Wir alle sind Bürgerinnen und Bürger eines Staates, der sich ein Grundgesetz gegeben hat, in dem es im ersten Satz schon heißt: ′Die Würde des Menschen ist unantastbar, sie zu achten und zu schützen ist Verpflichtung aller staatlichen Gewalt.‟

Für viele mag dieser Satz vielleicht nur noch wie ein Sandkorn erscheinen, welches längst unter dem Druck der Ereignisse abgeschliffen und in den Sedimentschichten schier unübersehbarer Anzahlen weiterer politischer Entscheidungen und Gesetze untergegangen ist – und man wird leicht als weltfremd, ja fast schon als Phantast betrachtet, wenn man die derzeitigen politischen und wirtschaftlichen Entwicklungen noch am Maßstab eines solchen Satzes misst.

Wir können ihn aber nicht umgehen. Gehoben als tiefe Lehre aus den unglaublichen Verbrechen des Dritten Reichs, befestigt als Willensentscheid und Verpflichtung, die unbedingt eingehalten werden müssen, ist er der Grundstein unserer Republik.

So sehr ist er der Grundstein, dass eines Tages die Historiker, wenn sie rückschauend die Bundesrepublik betrachten, sagen werden:

`Nicht ein König oder Kaiser, wie durch über 1000 Jahre davor, nicht ein Diktator wie danach, sollte der Bundesrepublik Deutschland ihren inneren Traggrund und ihre innere Rechtfertigung geben, sondern der gemeinsame Wille des Volkes und seines Rechtswesens, die Würde des Menschen unbedingt zu achten und zu schützen.`

Und selbstverständlich werden diese Historiker Aufstieg, Entfaltung – und gegebenenfalls das Scheitern dieser Republik an diesem, von der Bundesrepublik sich selbst gestellten, Ideale messen."

Mit diesen Worten leitete Ralph Boes im Juni 2011 nicht nur seinen „Brandbrief", sondern maßgeblich seinen politischen Widerstand ein. Dieser richtete sich konkret gegen die Kürzungspolitik innerhalb des Hartz-IV- Systems. Seine Konsequenz lautete:

„Ab heute widerstehe ich offen jeder staatlichen Zumutung, ein mir unsinnig erscheinendes Arbeitsangebot anzunehmen oder unsinnige, vom Amt mir auferlegte Regeln zu befolgen. Auch die durch die Wirklichkeit längst als illusorisch erwiesene Fixierung auf "Erwerbsarbeit" lehne ich in jeder Weise ab.

Ich beanspruche ein unbedingtes Recht auf ein freies, selbstbestimmtes Leben, welches ich einer von mir selbst gewählten, mir selbst sinnvoll erscheinenden und mir nicht von außen vorgeschriebenen Tätigkeit widmen darf – auch wenn ich durch die wirtschaftlichen und politischen Verhältnisse gezwungen bin, dafür Hartz IV in Anspruch zu nehmen.

Ich spreche jede Arbeit heilig, die aus einem inneren ernsten Anliegen eines Menschen folgt
- unabhängig davon, ob sie sich äußerlich oder innerlich vollzieht
- und unabhängig davon, ob sie einen "Erwerb" ermöglicht oder nicht!" [2]

***Diana Aman****: Herr Boes, Sie legen sehr viel Wert auf die Würde des Menschen. In Ihren Aktionen beziehen Sie sich immer wieder darauf, dass Hartz-IV die Würde des Menschen missachtet und dem Grundgesetz widerspricht. Wie würden Sie Würde definieren?*

**Ralph Boes**: Würde lässt sich nicht von außen definieren. Das halten viele für eine Schwäche innerhalb des Grundgesetzes. Würde offenbart sich erst in einer gewissen Tiefe der Wahrnehmung. Man kann sagen, Würde ist ein Wahrnehmungsinhalt, der sich erst durch die vertiefte Beschäftigung mit den Dingen ergibt. Das Wahrnehmungsorgan der Würde ist das Herz, nicht der Kopf. Es gibt kein Argument für Würde, es gibt nur die Wahrnehmung der Würde!

Bezüglich Tieren, Pflanzen und Mineralien zum Beispiel bekomme ich ihre Würde umso mehr in den Blick, je tiefer sie mir erscheinen und ich sie betrachte. Und hier liegt das Problem alleine im Menschen. Der Mensch alleine verbürgt zunächst die Würde der Dinge. Tiere, Pflanzen usw. können ihre Würde nicht gegen den Menschen verteidigen.

In der gesellschaftlichen Diskussion taucht das Problem auf, dass die allgemeinen Vorstellungen über die Dinge die Wahrnehmung der Würde verdecken oder verzerren. Es können Dinge für würdig erachtet werden, die es ihrem

---

2 Erster Brandbrief, Juni 2011
http://grundrechte-brandbrief.de/BUKA1.htm

Wesen nach nicht sind: Zum Beispiel beim Eigentum und dem „Wichtig nehmen" von Dingen innerhalb eines gewissen „Konsumfetischismus", wenn man das so sagen kann. Da wird Dingen viel Wert zugesprochen, den sie nicht haben. Und umgekehrt  können Dinge für würdelos erachtet werden, die außerordentlich würdevoll sind!  Während der Lebzeiten von Van Gogh wurden seine Gemälde z.B. wenig geschätzt und ihr Wert wurde erst später erkannt.

Der Inhalt der Würde ist der Wert, den die Dinge in sich selbst tragen! Unabhängig davon, wie man sie von außen gebrauchen kann oder nicht. Dass sie selbst Zweck sind und nicht Mittel. Das erscheint mir das Wesentliche der Würde zu sein.

Ebenfalls stellt sich die Frage, ob die Würde eine Frage der Mehrheit der Gesellschaft sein darf! Unterliegt die Frage der Würde einer demokratischen Abstimmbarkeit? Das wäre ein großer Fehler. Vielmehr obliegt die Würde der Bestimmung des Einzelnen. Im Rechtsleben darf deswegen Würde auch nicht definiert sein. Im gesellschaftlichen Diskurs ist es wichtig, dass Menschen sich jederzeit gegen eine unwürdige Behandlung wehren oder für eine würdevolle Behandlung der Wesen und Dinge eintreten können. Und dadurch die Bedeutung ihrer Würde und der Bedeutung der Würde der Dinge und der Wesen im gesellschaftlichen Diskurs behaupten. Dadurch kommen die Korrekturen – die Vertiefung innerhalb der Gesellschaft bezüglich des Verständnisses von Würde.


**Diana Aman**: *Ist Würde etwas, was man verlieren kann oder was einem genommen werden kann? Wird den Menschen ihre Würde z.B. durch das Jobcenter entzogen? Oder ist Würde etwas, was man ohnehin immer hat, egal unter welchen Missständen wir leben?*

**Ralph Boes**: Ja, man kann seine Würde verlieren. Wenn ich andere Menschen schlecht behandele, verliere ich meine eigene Würde. Wenn ich mit einem anderen Menschen schlecht umgehe, dann heißt es nicht, dass ich ihm seine Würde nehme. Er trägt sie in sich selbst. Aber mir selber nehme ich sie! Das ist sehr interessant, denn es ist ganz anders, als man es im ersten Moment vermutet. Man muss sich selbst lieben, um die Welt lieben zu können. Man muss mit sich selbst im Reinen sein und ein Gefühl für sich selber haben, dann kann man auch den Wert der anderen Dinge schätzen. Ich erlebe am anderen zuerst das, was mich im Innersten ausmacht. Wenn ich sehr gestresst, unter Druck usw. bin, wenn ich selbst ein verbrecherisches Naturell habe oder durch die Verhältnisse korrumpiert worden bin, dann sehe ich im anderen zunächst nur meine eigenen Schatten, dann kann ich am anderen die Würde nicht sehen.

Man kann aber andere Menschen dazu bringen, dass sie ihre Würde selbst nicht mehr *erkennen* und nicht mehr an sie glauben. Indem man sie behandelt, *als wären* sie unwürdig. Man kann sie auf diese Weise sogar zu Mittätern machen, obwohl sie im Grunde Opfer sind. Das ist eine besonders tiefe Form des Verbrechens und gerade das Jobcenter legt es mit seiner großen Auswahl an Verführungs- und Sanktionsmaßnahmen auf solches Kooperieren und solche Mittäterschaft an. Es drängt und verführt Dich, Unsinn zu machen, Dich selbst zu entwürdigen und Deine Lebenskraft zu vergeuden, damit die etablierten Machtverhältnisse weiter etabliert sein können, sonst wirst Du sanktioniert.

Ralph Boes ist aufgrund seines Widerstandes seit Herbst 2011 fast durchgehend zu 100% sanktioniert, was bedeutet, sowohl die Regelleistungen als auch die Zahlungen der Miete und Krankenkasse zu verlieren. Diesen Entzug hat er durch öffentliches Hungern angeprangert und als Sanktionshungern bezeichnet. Seine letzte Hungerphase hat 132 Tage gedauert und konnte nur beendet werden, weil ostdeutsche evangelische Kirchengemeinde ihn zum Asyl aufgenommen hat. In einem Interview vom September 2015 mit dem Netzwerk Grundeinkommen beschrieb er, warum dies kein Hungerstreik war und welche Intention dahinter stand:

Netzwerk Grundeinkommen: Wie lange sind Sie jetzt schon im Hungerstreik?

**Ralph Boes:** Kein Hungerstreik. Ich werde gehungert. Hungerstreik heißt: Ich habe Essen und hungere, um jemand anderen zu etwas zu zwingen. Ich bekomme kein Geld, weil ich im Hartz-IV-System nicht konform reagiere. Man will also umgekehrt mich dazu zwingen, konform zu reagieren. Das ist der Unterschied. Wir nennen das Sanktionshungern. Das Wunder ist, dass ich überhaupt lebe, weil ich schon seit drei Jahren Sanktionen kriege und seit über zwei Jahren keinerlei Geld für Essen, Wohnung oder Krankenkasse. Ich müsste also eigentlich schon längst tot sein.

Netzwerk Grundeinkommen: Ihre Aktion wurde als privater Feldzug gegen Hartz IV bezeichnet. Was entgegnen Sie Kritikern, die behaupten, Sie würden den Staat erpressen, um von Steuergeldern leben zu können?

**Ralph Boes**: Erstmal ich bin seit jetzt schon drei Jahren sanktioniert. Wenn es Leute gibt, die sagen, ich wäre ein Schmarotzer oder sowas, kann ich nur sagen, ich war immer der Erste, der nur Sanktionen bestellt hat und kein Geld. Ich erpresse den Staat nicht um Geld. Ich möchte, dass das System wieder verfassungsgemäß wird. Es geht um die Verfassungs- und die Menschenrechtsfrage, und Hartz IV ist verfassungswidrig.

Aber nochmal zum Thema Erpressung: Ich und alle Hartz-IVler werden erpresst – und zwar auf Leben und Tod -, genau das zu machen, was die Behörden wollen. Da ist ein gigantischer Erpressungsapparat dahinter. Und wenn ich was gegen das System machen will, muss ich was gegen meine Todesangst machen. Denn das System zieht seine gesamte Kraft aus der Todesangst der Menschen. Also habe ich mir gesagt, ich muss die Todesangst abschaffen, und das habe ich für mich geschafft.

Dadurch wird die Erpressung, die der Staat macht, an mir sichtbar. Es gibt auch Leute, die sagen, es wäre keine gewaltfreie Aktion. Das ist sie auch nicht, aber die Gewalt geht vom Staat aus. Ich bin da nur der Spiegel.

**Diana Aman:** *Seitens der Regierung wird immer wieder behauptet, Sanktionen seien nicht grundgesetzwidrig, da es eine „letzte Grundversorgung" mit Lebensmittelgutscheinen gibt. Wie stehen Sie zu den Lebensmittelgutscheinen?*

**Ralph Boes:** Die Aufgabe der staatlichen Gewalt ist die Würde zu achten und zu schützen! Es geht nicht um eine Erhaltung einer puren vegetativen Existenz. Mehrfach habe ich dem Jobcenter die Frage gestellt, wie sie mit den Sanktionen meine Würde aktiv schützen und achten, doch darauf ist keine Antwort gekommen. Im Jobcenter gibt es immer nur die Frage: Leben *oder* Würde, aber nicht Leben *in* Würde!

In einer längeren Auseinandersetzung bezüglich der Lebensmittelgutscheine habe ich das ausführlich dargelegt:

„Während es im Grundgesetz um ein "Leben IN Würde" geht, wird einem im SGB II überall die Entscheidung "Leben ODER Würde" aufgezwungen. Und dies selbst noch am Rand des Grabes, wo es SPÄTESTENS um eine selbstlose Hilfestellung geht:

Die Gutscheine beim SANKTIONÄR erbetteln zu müssen – sie können von ihm auch einfach abgelehnt werden! – stellt an sich schon eine nicht zu fassende Demütigung dar.

Stell Dir vor, Du wirst obdachlos und vergewaltigt und musst BEI DEINEM VERGEWALTIGER um ABFÄLLE ZUM ÜBERLEBEN betteln!

Die Demütigung wird verschärft, da sich der Sanktionär ALLEINE MIT DER IN-AUSSICHT-STELLUNG der Gutscheine für sein Tun rechtfertigen und aus der Verantwortung für das Wohlergehen des Betroffenen ziehen kann:

BEANTRAGE ich die Gutscheine, sind zwar meine Würde und meine Integrität vernichtet  (Betteln beim Sanktionierer höchst persönlich, entwürdigendes Gutschein-Einlösen beim Kauf von Lebensmitteln, Anerkenntnis der verfassungswidrigen Machtstellung des Jobcenters usw. usf.) d.h., ich verhungere zwar nicht und lebe weiter (Wenn es denn nicht ein bloßes Vegetieren ist) – aber das Jobcenter ist so aus der Verantwortung für mein Leben heraus …

Beantrage ich die Gutscheine ABER NICHT, bin ich aus Sicht des Jobcenters "selbst schuld", wenn ich sterbe! Und das Jobcenter ist ebenfalls aus der Verantwortung heraus. Schließlich hat man mir ja ein so verlockendes Angebot gemacht.

Weitab von der Maßgabe des Grundgesetzes (Leben IN Würde) und in bester Mafia-Manier werde ich also zur Entscheidung gezwungen, ob ich ein Leben statt Würde (Annahme der Gutscheine) oder Würde statt Leben (Ablehnung der Gutscheine) haben will."[3]

---

3 Würde oder Leben - Zu Wesen und Bestimmung der Lebensmittelgutscheine
http://grundrechte-brandbrief.de/Meldungen/2015-08-18-Lebensmittelgutscheine.htm

Man kann sagen: Das Jobcenter hat keinerlei Würde, weil es ihm um die Vernutzung der Menschen geht! Der Mensch ist nicht mehr Zweck, sondern wird zum ökonomischen Mittel degradiert bzw. soll sich freiwillig zu einem solchen Mittel machen. Der Grundgedanke ist tief faschistoid. [4]

**Diana Aman**: *Sie haben während des politischen Widerstandes Ihr Verständnis über Arbeit vertieft. Diese Abhandlung über den Arbeitsbegriff haben Sie sogar ihren Klagen beigelegt.*

**Ralph Boes:** Durch Arbeit bestimme ich mein Verhältnis zur Welt und betreibe die Entwicklung meiner Fähigkeiten und meines Wesens. Arbeit ist der intimste Prozess der Selbstbildung den der Mensch an sich vollziehen kann. Der darf von außen zwar angeregt, aber nicht von außen bestimmt werden. Aufgrund meiner Auffassung von Arbeit verweigere ich mich dem derzeitigen System, bzw. arbeite, um es zu heilen.

Die Menschenwürde und das Recht auf Selbstbestimmung bzw. die freie Entfaltung der Persönlichkeit sind in *erheblichem* Masse eingeschränkt, wenn der Mensch zur Arbeit gezwungen wird, in einem Gebiete arbeiten muss, das ihn nichts angeht, oder nicht in einer seinem Wesen oder seiner Einsicht (Weltsicht) angemessenen Weise arbeiten darf.

Durch die scharfen Sanktionen und Zumutbarkeitsregeln im SGB II wird der Mensch jeder Möglichkeit zur Selbstbestimmung und zu von ihm selbst als sinnvoll empfundener Arbeit beraubt. Seine Würde wird nicht geachtet und geschützt, sondern er wird dem Arbeitsmarkt *unterworfen,* damit seine Arbeitskraft zum Wohl von Staat und Wirt-

---

4 (Schöpfer: Gustav Hartz... 1928)

schaft *abgeschöpft* werden kann. Außerdem werden durch die *Zumutbarkeitsregeln* seine Arbeitsbiographie entwertet und seine Qualifikationen dauerhaft gelöscht.[5]

**Diana Aman:** *Macht es überhaupt Sinn, sich für die Würde oder eine würdige Behandlung einzusetzen? Ist es nicht, als würde derzeit eine ökonomische Lawine den Berg hinabstürzen und jede letzte moralische und idealische Regung unter sich begraben?*

**Ralph Boes**: Es geht tatsächlich nicht darum, sich dieser Lawine entgegenzustellen. Überhaupt geht es nicht nur um eine Auseinandersetzung mit Hartz-IV, sondern darum, die BRD insgesamt wieder an den Zustand ihres Ideals zu bewegen, die ihr durch das Grundgesetz gegeben ist.

Die BRD ist zur Zeit an den Interessen der Geldmärkte und der Wirtschaft orientiert. Im Sinne ihrer Verfassung (vielmehr des Grundgesetzes) ist aber der Schutz der Menschenwürde ihr eigentlicher Zweck! Das muss wieder aufgerufen werden. Man kann der Lawine wohl wirklich nichts entgegensetzen... Aber wenn die Lawine abgerollt ist und der erste Sonnenstahl kommt, dann sollten oben die ersten Schneeglöckchen wieder aufblühen. Dann muss man auf etwas zurückgreifen können, was immer schon da war, was aber nach solchen Fehlentwicklungen, wie sie jetzt geschehen, *vertieft* aufgegriffen werden kann.

Das Leid der einen Zeit ist die Kraft der anderen.

Text und Interview: Diana Aman/Ralph Boes

---

5 **Frage zur Verfassungsmäßigkeit des Arbeitsbegriffes im SGB II**
http://grundrechte-brandbrief.de/Prozesse/10-Klage-achte-100%25-Sanktion/2015-08-25-RB-Klage-Teil-A.htm

# Freie Entfaltung der Persönlichkeit

**Ute Behrens** zum

### Artikel 2 GG

(1) Jeder hat das Recht auf die freie Entfaltung seiner Persönlichkeit, soweit er nicht die Rechte anderer verletzt und nicht gegen die verfassungsmäßige Ordnung oder das Sittengesetz verstößt.

(2) Jeder hat das Recht auf Leben und körperliche Unversehrtheit. Die Freiheit der Person ist unverletzlich. In diese Rechte darf nur auf Grund eines Gesetzes eingegriffen werden.

«Der Mensch ist das Maß aller Dinge» (Homo-Mensura-Satz, 490 v. Chr.)

Trotz dieser Ansätze des Humanismus, hat es noch Jahrhunderte gedauert, bis sich auch in Europa eine erste geistige Strömung verorten konnte, die mit dem Menschsein auch eine freie Persönlichkeitsentfaltung verband. Mit der UN-Charta von 1945, der Erklärung der Menschenrechte vom 1948 und dem Grundgesetz vom 23.5.1949 wurden die sogenannten Menschenrechte erstmalig zu subjektiven öffentlichen Rechten mit Verfassungsrang. An diese Rechte sollten alle Staatsgewalten gebunden sein. Dennoch scheinen sie erneut auf der Kippe zu stehen, weil sie entweder über die nationale Gesetzgebung ausgehebelt werden können, im supranationalen Gemenge der Zuständigkeiten untergehen oder schlichtweg innerhalb einer neuen virtuellen Rechtsordnung ihre Bedeutung verlieren. Hierzu gehört an vorderster Front auch der Artikel 2.

*Artikel 2, das Stiefkind der Nation*
Anlässlich des fünfundsechzigsten Geburtstages des Grundgesetzes befragte das Institut für Demoskopie, Al-

lensbach im Rahmen einer repräsentativen Bevölkerungsumfrage für den ROLAND Rechtsreport 2014[1] die Meinung der Bürger u. a. zum Grundgesetz und zur Bedeutung der einzelnen Grundrechte. Dabei landete die freie Entfaltung der Persönlichkeit in der Rangfolge auf dem vorletzten Platz. Nur 51 Prozent der Befragten hielten diesen Artikel für wichtig, obwohl er im direkten Zusammenhang mit dem Artikel 1 steht und in der Abfolge des Grundgesetzes den zweiten Platz einnimmt.

*Die unterschiedliche Betrachtungsweise*

Nach dem Zweiten Weltkrieg sollte eine neue Epoche beginnen. Und so findet man das Recht auf freie Entfaltung der Persönlichkeit nicht nur im Artikel 29 der Menschenrechte, sondern auch im Artikel 2 des Grundgesetzes wieder. Im direkten Vergleich zur Resolution 217 A (III) erscheint es allerdings so, als würde der Grundgesetzartikel einen völlig anderen Kontext abdecken.

| Grundgesetz für die Bundesrepublik Deutschland, <br><br> Artikel 2, vom 23. Mai 1949 <br><br> zuletzt geändert am 23. Dezember 2014 | Allgemeine Erklärung der Menschenrechte, <br><br> Resolution 217 A (III) vom 10.12.1948 <br><br> Artikel 29 |
|---|---|
| (1) Jeder hat das Recht auf die freie Entfaltung seiner Persönlichkeit, soweit er nicht die Rechte anderer verletzt und nicht gegen die verfassungsmäßige Ordnung oder das Sittengesetz verstößt. | (1) Jeder hat Pflichten gegenüber der Gemeinschaft, in der allein die freie und volle Entfaltung seiner Persönlichkeit möglich ist. |
| (2) Jeder hat das Recht auf Leben und körperliche Unversehrtheit. Die Freiheit der Person ist unverletzlich. In diese Rechte darf nur auf Grund eines Gesetzes eingegriffen werden. | (2) Jeder ist bei der Ausübung seiner Rechte und Freiheiten nur den Beschränkungen unterworfen, die das Gesetz ausschließlich zu dem Zweck vorsieht, die Anerkennung und Achtung der Rechte und Freiheiten anderer zu sichern und den gerechten Anforderungen der Moral, der öffentlichen Ordnung und des allgemeinen Wohles in einer demokratischen Gesellschaft zu genügen. |
|  | (3) Diese Rechte und Freiheiten dürfen in keinem Fall im Widerspruch zu den Zielen und Grundsätzen der Vereinten Nationen ausgeübt werden. |

Der Parlamentarische Rat vertrat die Auffassung, dass jedermann die Freiheit hätte, zu tun und zu lassen, was er möchte, solange er die Rechte anderer nicht verletzt und nicht gegen die verfassungsmäßige Ordnung oder das Sittengesetz verstößt. Erst über das Bundesverfassungsgericht erfuhr dieser Artikel später eine Aufwertung. Als sog. Auffanggrundrecht können nun menschliche Handlungen geschützt werden, für die kein Spezialfreiheitsrecht existiert. Man nennt es auch Allgemeine Handlungsfreiheit. Dennoch blieb der Artikel selbst unverändert und für viele Menschen noch immer wenig greifbar.

Die Menschenrechte hingegen erfuhren von Anfang an ein anderes Werteverständnis. Den Inhalten zufolge hat jeder einzelne die Pflicht, sich an der Umsetzung dieses Grundrechtes aktiv zu beteiligen. Erst das Zusammenwirken einer funktionierenden Gesellschaft, in der jeder jeden achtet, garantiert die freie Entfaltung der Persönlichkeit. Im Absatz 2 der Menschenrechte wird daher im Anschluss auch der Gesetzgeber in die Pflicht genommen. Er ist gehalten, die Gesetzgebung so auszurichten, dass sie zum Freiheitsgaranten wird. Dabei hat sich die Gesetzgebung in die demokratische Gesellschaft so einzufügen, dass sie dem Wohle des Menschen zu dienen hat.

Halten wir also fest: Nach der Resolution 217 A (III) sind die Gesetze den Menschenrechten unterstellt; im Grundgesetz hingegen können die Grundrechte aufgrund eines Gesetzes jederzeit eingeschränkt werden.

*Persönlichkeitsrechte in der digitalen Realität*
Dass Persönlichkeitsrechte stets in einem Gesamtzusammenhang zu sehen sind und in unzählige Rechtsgebiete eindringen, lässt sich bis auf die Anfänge der jungen Bundesrepublik Deutschland zurückverfolgen. Mit dem sogenannten "Schacht-Brief-Urteil" vom 25.05.1954[2] hat der Bundesgerichtshof dargestellt, wie die unerlaubte Veröffentlichung privater Aufzeichnungen geradezu ein juristisches Feuerwerk auslösen kann.

Auch das Volkszählungsurteil von 1983 schrieb Geschichte. Hier leitete das Bundesverfassungsgericht das Recht auf informationelle Selbstbestimmung aus dem allgemeinen Persönlichkeitsrecht des Artikel 2 Absatz 1 GG in Verbindung mit dem Artikel 1 Absatz 1 GG (Die Würde des Menschen ist unantastbar) ab. Es entstand das Datenschutzgesetz, das man nach Ansicht einiger Juristen besser als "Verdatungsschutz" hätte bezeichnen sollen, weil die eigentliche Rechtsverletzung bereits bei der Verknüpfung personenbezogener Daten einsetzt[4]. Allein die Sozialversicherungsträger erzeugen Unmengen und leiten sie ungefragt weiter. Bei der kommenden Neuregelung des Datenschutzes in der EU sollen Geschäftsmodelle der Internetwirtschaft, die auf der Nutzung der Profile ihrer Kundschaft für die Werbewirtschaft beruhen, Vorrang eingeräumt werden. Schutz der Persönlichkeit als Menschenrecht ist nicht gewünscht. Mittlerweile werden wir überall zwangsweise vernetzt bzw. vernetzen uns sogar freiwillig, weil es zum Mainstream gehört. Die Sammelwut ist unerschöpflich. Bank- und Finanzdaten, die vollkommene Überwachung im öffentlichen Raum, Vorratsdatenspeicherung. Auch der elektronischen Gesundheitskarte (eGK) kann niemand entrinnen. Wer die eGK verweigert, wird zum Selbstzahler oder findet keinen behandelnden Arzt mehr. Bautzen war gestern, heute gibt es die perfekte Existenzvernichtung durch Ausschluss der gesellschaftlichen Teilhabe. Nicht umsonst warnen die Autoren Stefan Aust / Thomas Ammann in ihrem Buch vor der "Digitalen Diktatur".

Juristisch gesehen befinden wir uns in einer Grauzone, weil jede Rechtsverletzung nur mit Hilfe einer einzelfallbezogenen Interessenabwägung bedient werden kann. Eine juristische Handhabe, um möglicherweise über eine Sammelklage das ,,Recht auf Vergessenwerden" dingfest machen zu können, bleibt unter der derzeitigen Rechtsprechung ein frommer Wunsch. Metadaten sind überall zum Gegenstand des Geschäftsverkehrs geworden. In der Dissertation von Ass. Jur. Markward Schemitsch, «Identitätsdaten als Persönlichkeitsgüter»[5], ist von einem ,,normierten Zwang" die Rede, bei dem das Grundrecht auf informationelle Selbstbestimmung sich den Interessen anderer immer weiter unterordnet. Da die Datenverarbeitung zur Erfüllung privater und öffentlicher Aufgaben herhalten muss, gibt es kaum noch Möglichkeiten, sich diesen Prozessen zu entziehen.

*Die Rolle des Europäischen Gerichtshofes*

Die Datenschutzbehörden hinken hinterher. Die Justiz auch. Daher werden komplizierte Fälle auch gern an supranationale Instanzen abgegeben. Hier ist an den Fall eines deutschen Juristen zu denken, der die Speicherung seiner Fingerabdrücke in seinem Reisepass verhindern wollte und vor das Verwaltungsgericht Düsseldorf zog. Nach fünf Jahren Stillstand reichte er Klage beim BVerfG ein, das seine Beschwerde ohne Begründung ablehnte. Beim Europäischen Gerichtshof (EuGH) wurde er endgültig abgewiesen, weil die Frage der Angemessenheit im europäischen Recht nicht vorgesehen ist. Grundsätzlich handelt es sich beim europäischen Recht um eine eigenständige Rechtsordnung. Eine vom nationalstaatlichen Recht wie vom Völkerrecht unabhängige Ordnung. Eine Rechtsordnung ohne eigentliche Verfassung, die lediglich den neuen Konstitutionalismus auf eine marktliberale Ebene hievt[6]. Leider wird dieser grundsätzliche Konflikt in der Öffentlichkeit kaum wahrgenommen. Und solange das BVerfG der Überzeugung ist, dass der Grundrechtsstandard auch vom EuGH eingehalten wird, werden europäische Rechtsakte auch keinerlei Prüfung unterzogen.

*Der Preis der Persönlichkeitsrechte*

Georg Schnurer, stellvertretender Chefredakteur des ct-magazin, brachte es in seinem Editorial vom 28.11.2015 leicht ironisch auf den Punkt. „Daten" sind ein wertvoller Rohstoff. Wer nur die Dienste von Google & Co in Anspruch nimmt, hat sich unter Wert verkauft. Was kosten die Daten der Menschen und wie muss die Steuerlast der Konzerne konzipiert werden, damit alle davon profitieren? Zu den Datenhehlern gehört übrigens auch die öffentliche Hand.

Auch der Nationale IT-Gipfel in Hamburg 2014 lieferte interessante Erkenntnisse. Unter Federführung des Bundesministeriums für Wirtschaft und Energie wurde mit der Industrie ein 50 Millionen Euro schweres Förderprogramm namens SMART SERVICE WELT auf den Weg gebracht. Dabei handelt es sich um die Verschaltung ganzer Wertschöpfungsnetze (Industrie 4.0) unter Einbezug von Logistik, Handel, Energieversorgung, Gesundheitswesen, Medien, bis hin zur übergreifenden Nutzung von Daten und Diensten im Alltag, wie Wohnen, Einkaufen, Reisen, Bildung oder Pflege. Längst warnt die Datenschutzorganisation Center for Democracy and Technology (CDT) vor den Folgen des geräteübergreifendem Nutzertracking. Dabei wird Werbung im Fernsehen oder im Internet mit hochfrequenten Tönen unterlegt, die Tablets, Smartphones und andere Geräte registrieren können. Gelingt das, werden sich die Geräte einem Benutzerprofil zuordnen lassen; Menschen nehmen diese Töne nicht wahr. Durch das Zusammenführen der Daten kann das Wissen über einzelne noch stärker ausgeweitet werden. Viele Programme enthalten bereits Nutzerverfolgungstechniken und so kennt die Werbewirtschaft schon heute die Wünsche ihrer Kunden von morgen. Auch im privaten Bereich "verkaufen" Menschen ungefragt Persönlichkeitsrechte. Die Wenigsten sind sich wohl bewusst, dass beispielsweise die Urlaubsfotos, die sie von ihren Kindern und anderen ungefragt ins Netz stellen, eine Verletzung deren Rechte bewirken.


Muss das Bundesverfassungsgericht vielleicht zur Superrevisionsinstanz werden?

Gemäß Artikel 94 Absatz 2 in der Fassung des Grundgesetzes vom 24. Mai 1949 wird es der Bundesgesetzgebung überlassen, welches Verfahren sie ansetzt, um Bürgern den Zugang zum Bundesverfassungsgericht zu ermöglichen. Ab dem 30. Januar 1969, bzw. 2. Februar 1969 werden Verfassungsbeschwerden ohne eine vorherige Erschöpfung des Rechtsweges nicht mehr angenommen und ein ausgefeiltes Annahmeverfahren vorgeschaltet. Mittlerweile gelingt es nur noch wenigen "einfachen" Bürgern, das BVerfG zu bemühen. Mit dem Bundesverfassungsgericht als Superrevisionsinstanz wäre es möglich, politische Prozesse, die eine Aufweichung der Grundrechte zum Ziel haben, rechtzeitig aufzuhalten und ein erster Schritt in direkt-demokratische Prozesse.

*Das höchste Ziel des menschlichen Lebens*
In der radikal humanistischen Weltanschauung stellt die freie Entfaltung der Persönlichkeit ein erstrebenswertes, wenn nicht sogar das allerhöchste Gut dar. So vertraten bereits die Philosophen Heraklit und Protagoras den Lehrsatz: „Der Mensch ist das Maß aller Dinge". Ab dem 13. Jahrhundert etablierten sich zahlreiche Aufklärer, zu denen später auch Immanuel Kant gehörte. Folgen wir den Ausführungen von Bernd Vowinkel[7], so lassen sich nachfolgende Grundüberzeugungen mit dem Humanismus in Verbindung bringen:

Das Glück und Wohlergehen des einzelnen Menschen und der Gesellschaft bilden den höchsten Wert, an dem sich jedes Handeln orientieren soll.

Die Würde des Menschen, seine Persönlichkeit und sein Leben müssen respektiert werden.

Der Mensch hat die Fähigkeit, sich zu bilden und weiterzuentwickeln.

Die schöpferischen Kräfte des Menschen sollen sich entfalten können.

Die menschliche Gesellschaft soll in einer fortschreitenden Höherentwicklung die Würde und Freiheit des einzelnen Menschen gewährleisten.

Mit der Entfaltung der Persönlichkeit erkennen wir an, dass jeder Mensch ein Individuum und einzigartig auf der Welt ist. Daher ist es auch an der Zeit, das bisherige Gesellschaftsmodell in Frage zu stellen und die sozialen Sicherungssysteme, die zweifellos zur Würde des Menschen gehören, den realen Bedingungen anzupassen. Wir werden lernen müssen, dass Teilen das neue Haben ist. Um die freie Entfaltung der Persönlichkeit würdevoll umsetzen zu können, ist ein universelles, personenbezogenes, existenzsicherndes und voraussetzungsloses Grundeinkommen unerlässlich. Erich Fromm hat daher mit Recht vom «Haben oder Sein»[8] gesprochen. Haben bezieht sich nicht nur auf materielle Güter, sondern ebenso auf Werte, Wissen und Überzeugungen. Zur Entfaltung der Persönlichkeit gehört auch das kulturelle Kapital, das sich nach der Habitustheorie[9] in Form von kulturellen Fähigkeiten, Fertigkeiten und Wissensformen, die stets an die Person gebunden sind, widerspiegelt.

Leider haben wir die Aufklärer und Theorien der Frühen Neuzeit längst vergessen. Vielleicht ist das auch der Grund, warum 51 Prozent der Deutschen nichts mehr mit dem elementaren Artikel 2 anzufangen wissen. Es ist der Artikel, der uns Menschen zum Menschen macht.

Quellenangaben:

[1] Vgl. IfD Allensbach, Institut für Demoskopie, Allensbach, Allensbacher Kurzbericht vom 21. Mai 2014, Das Grundgesetz als eine der größten Errungenschaften der Bundesrepublik.

[2] BGH, 1. Zivilsenat, Az I ZR 211/53 vom 25. Mai 1954.

[3] Urteil des Ersten Senats vom 15. Dezember 1983 auf die mündliche Verhandlung vom 18. und 19. Oktober 1983, 1 BvR 209, 269, 362, 420, 440, 484/83.

[4] Vgl. Kritische Vierteljahresschrift für Gesetzgebung und Rechtswissenschaft, Heft 3/1999, Dirk Burchard, Verfassungsrechtliche Interessenabwägung im Informationsrecht, S. 239.

[5] Vgl. Dissertation von Ass. Jur. Markward Schemitsch, Fachbereich Rechts- und Wirtschaftswissenschaften der Technischen Universität Darmstadt, Identitätsdaten als Persönlichkeitsgüter.

[6] Vgl. Stille Revolution oder: Von der Verrechtlichung neoliberaler Verhältnisse in der EU, von Barbara Eisenmann, Deutschlandradio.

[7] Vgl. Bernd Vowinkel, Humanismus statt Religion, Grundlagen des Humanismus.

[8] Vgl. Erich Fromm, Haben oder Sein, dtv München 2001.

[9] Vgl. Theorien der Frühen Neuzeit, Habitustheorie und Kapitalbegriff, Paul Bourdieu, Universität Münster.

# Gedanken zur »Gleichheit vor dem Gesetz«

**Dr. Hans-Jochen Gscheidmeyer** zum

**Artikel 3 GG**

(1) Alle Menschen sind vor dem Gesetz gleich.

(2) Männer und Frauen sind gleichberechtigt. Der Staat fördert die tatsächliche Durchsetzung der Gleichberechtigung von Frauen und Männern und wirkt auf die Beseitigung bestehender Nachteile hin.

(3) Niemand darf wegen seines Geschlechtes, seiner Abstammung, seiner Rasse, seiner Sprache, seiner Heimat und Herkunft, seines Glaubens, seiner religiösen oder politischen Anschauungen benachteiligt oder bevorzugt werden. Niemand darf wegen seiner Behinderung benachteiligt werden.

*Reflexionen über Artikel 3 des Grundgesetzes der BRD*

In der Urfassung Artikel 3 GG vom 23. Mai 1949 heißt es:

(1) Alle Menschen sind vor dem Gesetz gleich.

(2) Männer und Frauen sind gleichberechtigt.

(3) Niemand darf wegen seines Geschlechtes, seiner Abstammung, seiner Rasse, seiner Sprache, seiner Heimat und Herkunft, seines Glaubens, seiner religiösen oder politischen Anschauungen benachteiligt oder bevorzugt werden.

## Übersicht

Persönliche Vorbemerkung

Ausgangsbetrachtung und Aufgabenstellung

Gleichberechtigung von Mann und Frau

Gegen Diskriminierung

Gleichheit vor dem Gesetz

Zusammenfassung und Ausblick

*Persönliche Vorbemerkung*

Ich habe keinerlei juristische Vorbildung, bin Naturwissenschaftler mit 30jähriger Industrieerfahrung und verfüge über eine fundierte philosophische Bildung. Mit diesen Voraussetzungen und als Bürger stelle ich mich dem gewählten Thema aus der Überzeugung, dass Grundgesetz und

Verfassung in die Hände und Herzen der Bürger gehören.

Der Weg über den Kopf scheint dafür der schlechteste Weg nicht zu sein.

Ich habe daher Josef Hülkenberg herzlichst zu danken für die vortreffliche Gelegenheit, mich auf diesem Wege an seinem Buchprojekt beteiligen zu können.

*Ausgangsbetrachtung und Aufgabenstellung*

Nach einem Ausflug in höhere Sphären in seinen Artikeln 1 und 2 (»Menschenwürde«, »Freie Entfaltung der Persönlichkeit«) holt das Grundgesetz den Bürger mit Artikel 3 wieder auf diese Erde zurück. Denn vom Gesetz ist hier die Rede und damit von staatlicher Gewalt und von der Möglichkeit, sich einmal vor ihr und dem Gesetz verantworten zu müssen. Einem Blick in das Reich universaler Menschenrechte folgt der Blick nach innen. Das Grundgesetz beginnt, seine eigentliche Aufgabe wahrzunehmen: Die Rückbindung jeder Gewalt an die Verfassung mit einer ersten verborgenen Andeutung von der Teilung der Gewalten, wenn auch zunächst nur in der Formulierung eines Rechts, die gleichzeitig Forderung und Auftrag an Judikative und Exekutive ist («Alle Menschen sind vor dem Gesetz gleich»).

Da Gesetz etwas zu tun hat mit »Herstellung von Gerechtigkeit«, kommt wohl den meisten von uns umgehend das wohlbekannte Bild der »Justitia« in den Sinn. Dort versinnbildlicht die Augenbinde der Justitia das Rechtsideal, Recht sprechen zu wollen »ohne Ansehen der Person« und unabhängig von Geschlecht, Herkunft oder all den Gegebenheiten, über welche in den Absätzen 2 und 3 des Art. 3 GG gesprochen wird. Die Augenbinde könnte man somit als Sinnbild auffassen für den Art. 3 unseres Grundgesetzes. Und die Augenbinde steht stellvertretend auch für das Ausblenden anderer Sinne wie die des Hörens, da ja in Absatz 3 ausdrücklich auch die Sprache angesprochen wird.

Meine These lautet:

Justitia und Gesetz werden ihrer Aufgabe erst dann gerecht werden können, wenn die Binde zum rechten Zeitpunkt während der Rechtsfindung und Rechtsprechung abgenommen wird. Immerhin trägt Justitia aus gutem Grund ja auch Waage und Schwert. Die diesen Symbolen entsprechenden Phasen eines Rechtsgangs könnten oder müssten sogar zumindest in Teilen in Widerspruch geraten mit der Forderung »völlig ohne Ansehen der Person«.

Hinsehen ist Voraussetzung bei der Suche nach Gerechtigkeit.

»Gleichheit« und »Besonderheit« sind die zwei sich ergänzenden Seiten der Gerechtigkeit.

Hier beginnen mögliche Schwierigkeiten und Widersprüche mit »Gleichheit vor dem Gesetz«.

Meiner Überzeugung nach ist Art. 3 in seiner Forderung und Auslegung nicht ebenso unantastbar und widerspruchsfrei wie seine beiden Vorgängerartikel. Sollten sich gute Gründe finden für die obige These, bedeutet das nicht automatisch, dass Art. 3 an Bedeutung oder gar Gültigkeit verliert. Einer unreflektierten Verabsolutierung, die bei Art. 1 (»Menschenwürde«) und Art. 2 (»Freie Entfaltung der Persönlichkeit«) noch gerechtfertigt erscheinen könnte, sollten jedoch Grenzen gesetzt sein. Eine eingehendere Beschäftigung mit dem Thema lohnt also durchaus.

*Gleichberechtigung von Mann und Frau (Art.3 (2))*

Von allen Aussagen im Art. 3 GG kommt diese Forderung einem universalen Menschenrecht wohl noch am nächsten. Wer sollte ihr schon widersprechen wollen oder Zweifel daran äußern? Wenn wir aber bedenken, dass beispielsweise in der Schweiz das Wahlrecht für Frauen erst 1971 Eingang in die Verfassung fand und erst 1990 im letzten Kanton (Appenzell Innerrhoden) realisiert wurde, sehen wir, wie wenig dieses Recht einem lang etablierten Menschenrecht nahe kommt. Schon ein aufmerksamer Blick in unsere heutige Welt zeigt, dass vermutlich deutlich weniger Frauen dieses Recht genießen als entbehren.

Verständlich scheint daher, dass Bundestag und Bundesrat eine Ergänzung zu Art.3 (2) beschlossen, um Ungleichheiten beim Recht der beiden Geschlechter zu bekämpfen (42. Änderung GG 1994):

„Der Staat fördert die tatsächliche Durchsetzung der Gleichberechtigung von Frauen und Männern und wirkt auf die Beseitigung bestehender Nachteile hin."


Die Absicht mag löblich erscheinen, aber war eine Grundgesetzänderung der richtige Weg? Die Urfassung des GG sagte doch bereits klar und deutlich, was verfassungsgemäß war. Deutlicher ist das durch den Zusatz nicht geworden. Der Zusatz ist auch weit entfernt davon, ein

Grundrecht zu formulieren und verwässert somit unser höchstes Recht. Es wäre an den jeweiligen Regierungen gewesen, den in der Urfassung formulierten Zustand auch tatsächlich herzustellen; darauf haben sie jeweils einen Eid geschworen. Die Erweiterung war also zum ersten nicht notwendig und völlig überflüssig. Dem Grundgesetz wurde kein substanzieller Mehrwert durch diese Ergänzung hinzugeführt. Wenn überhaupt, dann hätte ein ganz normales Gesetz entsprechende Ausführungen in die Wege leiten können. Dazu wären Regierung, Bundestag und Bundesrat über die Verfassung befugt gewesen. Stattdessen hat der »Staat« in Identität von Exekutive und Legislative sich über das Grundgesetz selbst beauftragt und damit wohl außerdem seine Befugnisse überschritten. Denn eine demokratische Verfassung hat die Aufgabe, dass über sie das Volk die Gewalten an das verfasste Recht bindet, nicht aber umgekehrt.

Über Art. 79 GG ließ sich Art. 3 zwar ändern. Die Art. 1 und 20 sind in Art. 79 (3) von solchen Änderungsmöglichkeiten zwar ausdrücklich ausgenommen und somit gegen jegliche Veränderung geschützt. Bei jeder Änderung des GG ohne Volksbeteiligung wird Art. 20 aber eindeutig missachtet.

Weiterhin ist die scheinbar harmlose Frage zu stellen, ob denn Art. 3 (1) nicht bereits die Gleichstellung von Frau und Mann umfasst, man also auf Art. 3 (2) eigentlich hätte verzichten können.

Schließlich sind sowohl Frauen wie Männer eindeutig Menschen und nach Art. 3 (1) vor dem Gesetze gleich. Diese Frage ist eindeutig zu verneinen. Während Art. 3 (1) beispielsweise die bereits seit längerer Zeit abgeschafften Vorrechte von Adeligen und Feudalherren auch und gerade vor Gericht noch einmal zweifelsfrei bestätigt, ist die

Gleichberechtigung zwischen Mann und Frau 1949 eine noch recht junge Errungenschaft der Demokratie und bedarf der ausdrücklichen Aufnahme in die Grundrechte. Außerdem geht Art. 3 (2) insofern über Art. 3 (1) hinaus, dass Frau und Mann hier nicht nur vor dem Gesetze gleich sind, sondern ausdrücklich auch darüber hinaus gleiche Rechte genießen.

Aktuell beschäftigt Deutschland die Frage, Frauen ähnlich gut in Vorstandsetagen vertreten sehen zu wollen wie Männer. Ganz abgesehen von der notwendigen Voraussetzung, dass Frauen dann nach Zahl ähnlich gut wie Männer auch in der darunterliegenden Stellungspyramide vertreten sein müssten, wagt sich das Grundrecht hier weit vor. Denn es dominiert die bedeutende Frage der Besonderheit bester Eignung und Qualifikation mit der Behauptung des höheren Rangs von Gleichheit. Während innerhalb verschiedener Kandidaten gleichen Geschlechts die bessere Eignung herangezogen werden soll, verschwindet ihre Bedeutung bei der Wahl zwischen Frau und Mann.

Führt nicht gerade dies zu einer Bevorteilung bzw. Benachteiligung entgegen Art. 3 (3)?

*Gegen Diskriminierung (Art. 3 (3))*
Altes und überholtes Stammes- und Standesdenken wird durch Recht ersetzt und beendet Zeiten des Rechts des Stärkeren und herrschender Vorurteile. Diese Aufgabe einer Verfassung wird unmittelbar angesprochen in Art. 3 (3). Er greift dabei auch noch einmal auf, dass kein Nachteil oder Vorteil aus der Geschlechtszugehörigkeit rechtens ist. Man könnte hier sofort etwas spitzfindig fragen, ob der oben genannte und von mir kritisierte Zusatz zu Art. 3 (2) nicht eher hierhin gehört hätte. Denn in Art. 3 (3) ist tatsächlich von Nachteilen die Rede, nicht von gleichem Recht. Ich selber möchte diese Frage klar mit «Ja» beantworten. In Art.

3 (3) gehen wir nämlich deutlicher über das reine Gesetz hinaus, vor dem wir alle nach Art. 3 (1) gleich sind. Wir betreten die reine Lebenswelt: Den Arbeitsplatz, die Straßenbahn, die Behörde. Hier ist nicht nur unser Verhältnis zum Recht und unser Anspruch ihm gegenüber thematisiert, es geht vor allem um unser Verhältnis zueinander.

Es geht um Toleranz und Fairness in unserer Gesellschaft und unser Verständnis darüber. Recht des einen wird mit einer Pflicht der anderen verbunden. Das Grundgesetz rückt uns »auf die Pelle«, wird konkret. Das soll es auch, das ist gut, denn das ist die geltende Vereinbarung unserer Gesellschaft. Das GG ist kein Papier, das im Schrank vergilbt oder nur von unseren jeweiligen Regierungen gehandhabt wird.


Denkt man nach, erkennt man bald, dass der vermeintlich endgültige Charakter der jeweiligen Nachteils- bzw. Vorteilsverbote dann Grenzen finden muss, wenn die Verfassung selbst und damit das demokratische Staatswesen gefährdet oder angegriffen werden. So ist bei der gegenwärtigen Frage eines Parteiverbots der NPD zu bewerten, ob eben gerade von der politischen Gesinnung dieser Partei Gefahr ausgeht für den verfassten Staat. Die Durchsetzung eines Parteiverbots würde einen bewusst herbeigeführten Nachteil für NPD und ihre Anhänger bedeuten gerade wegen ihrer »politischen Gesinnung«. Der Schutz des demokratischen Staatswesens hat höheren Rang.


Als Zusatz zu Art. 3 (3) wurde 2013 formuliert: «Niemand darf wegen seiner Behinderung benachteiligt werden.» Hier fällt sofort auf, dass man nicht einfach die bestehende Formulierung genommen und ergänzt hat. Es fällt außerdem auf, dass Behinderten nur keine Nachteile entstehen dürfen, Vorteile durch Bevorzugung offenbar schon. Denn ihr Ausschluss ist ja hier nicht mehr erwähnt – im Gegensatz zu ihrer ausdrücklichen Vermeidung in allen anderen aufgeführten Punkten. Warum ist das so? Vielleicht wäre es ja völlig überflüssig, bei Behinderten überhaupt an irgendeinen möglichen Vorteil zu denken? Ich stimme dem nicht zu. Ich kann mir das sogar nicht nur theoretisch vorstellen.

Denkbar wäre beispielsweise ein behinderter Läufer, der aufgrund einer entsprechenden Prothese viel schneller laufen kann als Menschen mit normal-gesunden Beinen. Wäre es fair, diese im Wettkampf gegeneinander antreten zu lassen?


Aber die entscheidende Frage ist nicht diese. Die entscheidende Frage ist die nach der beabsichtigten Gerechtigkeit und ob man sich überhaupt und nur in der Theorie einen Fall vorstellen könnte, wo man aufgrund seiner Behinderung bevorzugt werden könnte gegenüber jemandem, der nicht behindert ist. Ich selber kann das sehr wohl und halte daher diesen Zusatz für nicht gerecht im Sinne des Geistes dieses Artikels. Gerade weil wir Behinderte in unseren Kreis als unseresgleichen aufnehmen wollen, dürfen wir sie wie alle anderen Mitglieder der Gesellschaft weder benachteiligen noch bevorzugen.

*Gleichheit vor dem Gesetz (Art. 3 (1))*
Einen Rechtsgang zu beginnen »ohne Ansehen der Person«, kann eigentlich nur ein Versprechen für den Anfang sein als wichtige Voraussetzung oder Grundsatz für ein faires Verfahren. Was dabei versprochen wird, ist aus Herkunft, Bildung, Aussehen, Verhältnissen einer Person ein-

schließlich aller Unterscheidungen nach Art. 3 (2) und Art. 3 (3) keinerlei Voreingenommenheit entstehen zu lassen gegenüber eben dieser konkreten Person sowie gegenüber allen theoretisch denkbaren Personen in gleicher Situation. Es darf für die Rechtsprüfung also keinerlei persönlicher Vorteil oder Nachteil entstehen aus diesen Gegebenheiten. Zu oft schon ist in der Vergangenheit – namentlich in vordemokratischen Zeiten oder in totalitären Staaten – gegen diesen Grundsatz verstoßen worden. Entscheidend für die Rechtsprüfung soll allein die Rechtslage sein. Am einfachsten wäre die Sicherstellung dieser Situation dadurch, dass gar keine Person anwesend ist. Ein »Fall X« am besten auch noch ohne Namen, denn auch dieser könnte ja noch Sympathie oder Abneigung generieren. Aber das muss wohl eine reine Gedankenkonstruktion bleiben.

Jura-Studenten werden sich vermutlich durch etliche solcher theoretischen Fälle zu kämpfen haben während ihres Studiums. Und vielleicht hilft dies durchaus, eine gewisse professionelle Distanz  und Neutralität aufzubauen gegenüber Personen vor Gericht. Es schult, die Augenbinde der Justitia aufzusetzen.

Aber irgendwann mit Fortschreiten des Rechtsgangs werden alle diese Personen aus der gleichen juristischen Professionalität heraus lebendig werden müssen, bekommen eine Ausstrahlung, eine Geschichte, eine Motivation, werden glaubwürdig oder auch nicht. Die Beurteilung von Schuld oder Unschuld erfordert das. Und im Fall von Schuld wird es wichtig sein, etwas über die Motive zu erfahren. Waren es unglückliche Verkettungen von Umständen, Affekt oder schiere Absicht? Gibt es ein Unrechtsbewusstsein oder Gleichgültigkeit? Und so werden aufgrund der hervortretenden Persönlichkeiten alle Gleichheiten zwingend zu

Besonderheiten werden müssen. All dies ist nötig, um ein gerechtes Urteil und – bei Schuld – ein gerechtes Strafmaß zu finden. Waage und Schwert der Justitia erfordern genaues Hinsehen, Hinhören und Hineindenken. Dies ist ein Richter der Persönlichkeit und der Würde eines Angeklagten schuldig. Die Gleichheit der Menschen vor dem Gesetz ist damit zu einer Gleichheit in der Behandlung und im Verfahren geworden, welche die Herausarbeitung der Besonderheiten und Verschiedenartigkeiten der einzelnen Menschen geradezu zum Ziel hat um der gleichen Gerechtigkeit willen.

Ich kann mir gut vorstellen, dass nicht allen Menschen vor dem Gesetz (vor Gericht) dieses Ausgeleuchtet-Werden gefällt. Und dass etliche von ihnen versuchen dürften, der Judikative unlautere Absichten und Voreingenommenheit im Widerspruch zu Art. 3 (1) zu unterstellen. Daher ist es im Sinne einer gut funktionierenden Gewaltenteilung besonders wichtig, Mehrdeutigkeiten oder Ungenauigkeiten gerade in den Grundrechten und im Grundgesetz nach Möglichkeit sprachlich zu vermeiden. »Alle Menschen sind vor dem Gesetz gleich« lässt verhältnismäßig viel Raum für Interpretationen und wird völlig ad absurdum geführt, wenn man hinzufügt »ob sie nun schuldig sind oder nicht«.

*Zusammenfassung und Ausblick*

Die angesprochene »Gleichheit vor dem Gesetz« sollte sich nach meiner persönlichen Überzeugung deutlicher auf die Gleichheit der fairen Behandlung und des fairen Verfahrens beziehen. Eine Verwechslung mit der Frage, ob alle Menschen gleich sind, halte ich an dieser Stelle für manchmal verwirrend und eher für kontraproduktiv oder gar schädlich. Allenfalls sollte die »Gleichheit vor dem Gesetz« als die eine Seite der Medaille der Gerechtigkeit verstanden werden, deren andere das »Suum cuique – Jedem das Seine« darstellt. Gerade um diese wertvolle Unterschiedlichkeit der Menschen und der Besonderheit jedes Einzelnen hat sich das Grundgesetz ja noch in Art. 2 mit dem »Recht auf freie Entfaltung der Persönlichkeit« verdientermaßen bemüht.

Die nachträglichen Zusätze zu Art. 3 (2) und Art. 3 (3) möchte ich ausdrücklich kritisieren:

Der Zusatz zur »Gleichberechtigung von Frau und Mann« ist eine reine Ausführungsbestimmung zum festgestellten Grundrecht. Das ist überflüssig und an dieser Stelle fehl am Platze, denn es ist eine selbstverständliche Pflicht jeder Exekutive, das Grundgesetz zur Realität werden zu lassen. Dem GG in der Urfassung über den Zusatz aber eine Art Mangel anhängen zu wollen, so als wäre es nicht gut und klar genug gewesen, ist nur schiere Ablenkung und Verleugnung von eigenem Versagen.

Die ausdrückliche Aufnahme von Behinderung 2013 in die Beispiele von möglichen unfairen Grenzziehungen war gut, nötig und überfällig. Wie erläutert leuchtet aber nicht ein, warum in diesem Fall nur von einer denkbaren Benachteiligung ausgegangen und eine denkbare Bevorteilung gänzlich und ausdrücklich und damit für jetzt und alle Zukunft auch theoretisch ausgeschlossen wurde.

Eine einfache Ergänzung des Tatbestands der Behinderung an geeigneter Stelle der alten Formulierung hätte m.E. der Gerechtigkeit vollauf genügt und keinerlei Fragen aufgeworfen.

Die geäußerte generelle Kritik daran, dass Zusätze zum Grundgesetz zustande kommen ohne jegliche Beteiligung des Volkes – dem Souverän, von dem nach Art. 20 alle Staatsgewalt ausgeht – halte ich  ausdrücklich aufrecht.

Dies der Vollständigkeit halber, denn mit Art. 3 hat dies nur indirekt zu tun.

Dass überhaupt etwas zu kritisieren und zu reflektieren ist an Teilen des Grundgesetzes, macht seinen Wert keinesfalls geringer.

Es ist im Gegenteil ein natürlicher wie bereichernder Prozess, der uns allen den enormen Reichtum verfasster Demokratie lebendig werden lässt auf dem Weg steter Vervollkommnung dieses immer wieder neu zu- und anzueignenden Geschenks.

# Wie frei kann Eigentum sein?

**Josef Hülkenberg** zum

**Artikel 14 GG**

(1) Das Eigentum und das Erbrecht werden gewährleistet. Inhalt und Schranken werden durch die Gesetze bestimmt.

(2) Eigentum verpflichtet. Sein Gebrauch soll zugleich dem Wohle der Allgemeinheit dienen.

(3) Eine Enteignung ist nur zum Wohle der Allgemeinheit zulässig. Sie darf nur durch Gesetz oder auf Grund eines Gesetzes erfolgen, das Art und Ausmaß der Entschädigung regelt. Die Entschädigung ist unter gerechter Abwägung der Interessen der Allgemeinheit und der Beteiligten zu bestimmen. Wegen der Höhe der Entschädigung steht im Streitfalle der Rechtsweg vor den ordentlichen Gerichten offen.

*Was wird als Eigentum verstanden?*

Im Art. 14 des Grundgesetzes ist das Eigentum unter den Schutz der Verfassung gestellt.

Im juristischen Denken beschreibt **Eigentum** eine Rechtsposition einer natürlichen oder juristischen Person zu einer bestimmten Sache. Hier wird vom Herrschaftsrecht gesprochen, der Eigentümer darf nach Belieben mit seiner Sache verfahren. Dabei setzt das Gesetz dem Eigentümer wohl Grenzen. So ist es ihm verboten, sein Eigentum zu benutzen, um fremdes Eigentum zu beschädigen oder andere Personen zu verletzen.

Das Grundgesetz schützt **Eigentum**, definiert es aber nicht. So ist es nicht verwunderlich, dass bei der Suche nach Eigentums-Definitionen sehr unterschiedliche und interessengesteuerte Beschreibungen zu entdecken sind.

Neutral und sprachorientiert beschreibt der **Duden** als *Eigentum*:

- - Jemandem gehörendes; Sache, über die jemand die Verfügungs- und Nutzungsgewalt, die rechtliche (aber nicht unbedingt die tatsächliche) Herrschaft hat

- - Recht oder Verfügung- und Nutzungsgewalt des Eigentümers, rechtliche (aber nicht unbedingt tatsächliche) Herrschaft über etwas

- - (veraltet) Land-, Grundbesitz

als Synonyme zu Eigentum benennt der Duden:

- - Besitz, Besitztum, Gut, Habseligkeit, Haus und Hof,

- - Reichtum, Schatz, Vermögen;

- - (gehoben) Eigen, Geld und Gut, Habe, Hab und Gut; (veraltet) Habschaft, Proprietät


**VALUNET Recht&Steuern**, ein Internetportal für Steuerberufe definiert:

*Eigentum ist das umfassendste dingliche Recht an einer Sache, das gegenüber jedem Dritten wirkt. Grundsätzlich berechtigt das Eigentum als unbeschränktes Herrschaftsrecht über eine Sache den Eigentümer dazu, mit der Sache nach Belieben zu verfahren, z.B. durch Übereignung, Belastung u.a. und andere von jeglicher Einwirkung auszuschließen.*

*Während nach bürgerlichem Recht nur bewegliche und unbewegliche Sachen Gegenstand des Eigentums sein können, geht der öffentlich-rechtliche Begriff des Eigentums darüber hinaus und umfasst jedes vom Gesetzgeber gewährte konkrete vermögenswerte Recht, unabhängig davon, ob es sich um ein dingliches oder sonstiges absolutes Recht, das gegenüber jedermann wirkt, oder um eine bloße Forderung handelt.*

Den Rahmen der bisherigen Definitionen als „Herrschaftsrecht über eine Sache" weitet das **GABLER-Wirtschaftslexikon** aus:

*1. Verfassungsrechtlicher Eigentumsbegriff: Eigentum im Sinn des Art. 14 (1) GG ist jedes vermögenswerte Recht, jedes vermögenswerte Gut. Seinem rechtlichen Gehalt nach ist es gekennzeichnet durch Privatnützigkeit, d.h. durch die Zuordnung zu einem Rechtsträger, in dessen Hand es als Grundlage privater Initiative und im eigenverantwortlichen Interesse „von Nutzen sein soll", und durch die grundsätzliche Verfügungsbefugnis über den Eigentumsgegenstand. 2. Bürgerlich-rechtlicher Eigentumsbegriff: a) Bürgerlichrechtliches Eigentum ist das umfassende (absolute, dingliche) Herrschaftsrecht über bewegliche und unbewegliche Sachen im Sinn des § 90 BGB.*

Im **Politiklexikon der Bundeszentrale für politische Bildung** heißt es:

*E. bezeichnet das unbeschränkte, dingliche Recht, über eine Sache frei bestimmen, verfügen und auf diese einwirken zu können, sowie das Recht, andere davon auszuschließen, sofern die in der Rechtsordnung gezogenen Grenzen (z. B. Gesetze, Rechte Dritter) nicht überschritten werden. E. wird üblicherweise durch Übereignung (z. B. Kauf) oder Erbfolge erworben. Das E. ist geschützt, d. h. bei Beeinträchtigung oder Verletzung des E.-Rechts oder der Sache können Abwehr- bzw. Ausgleichsrechte geltend gemacht werden. In-*

*sofern unterscheidet sich E. strikt von (tatsächlichem) Besitz einer Sache.*

*Zentrales Element demokratischer Gesellschaften ist die (unterschiedlich gestaltbare) **E.-Ordnung**, da sie die Verteilung und die Verfügungsgewalt über das Vermögen festlegt, damit die Machtverhältnisse innerhalb einer Gesellschaft bestimmt und Grenzen von Nicht-E. aufzeigt. Die E.-Ordnung nimmt damit entscheidenden Einfluss auf die Sozialordnung. Art. 14 GG schützt daher nicht nur das E. (E.-Garantie), sondern unterstellt es auch der Sozialpflicht, d. h., sein Gebrauch soll zugleich dem Wohle der Allgemeinheit dienen (Art. 14 Abs. 2 GG). Art. 14 Abs. 3 GG erlaubt die Enteignung zum Wohle der Allgemeinheit, die allerdings ausschließlich für gesetzlich festgelegte Zwecke erfolgen darf und den Enteigneten Entschädigung zugesteht.*

Auch außerhalb der Rechtswissenschaften ist **Eigentum** Gegenstand wissenschaftlicher Betrachtungen. So fragt die <u>Rechts-und Sozialphilosophie</u> nach Begründung und Rechtfertigung von Eigentum; über die gesellschaftlichen Funktionen (Status, Macht, soziale Ungleichheit) reflektiert die Soziologie. Die <u>Geschichtswissenschaft</u> untersucht den Einfluss von Eigentumsverhältnissen auf historische Entwicklungen, <u>Ethnologie</u> die Eigentumsverhältnisse in unterschiedlichen menschlichen Gesellschaften und Kulturen. Die <u>Politikwissenschaft</u> fragt nach den Folgen und Wirkungen von Eigentumsordnungen; die <u>Wirtschaftswissenschaften</u> erklären ein gesetzlich gesichertes und möglichst unantastbares Eigentumsrecht zur Grundlage eines funktionierenden Wirtschaftssystems.

*Was das Eigentum vermag*

„Vermögen" als Begriff für die Gesamtheit des Eigentums einer natürlichen oder juristischen Person bezeichnet im ursprünglichen Sinn des Wortes, dass der Eigentümer mit seiner Sache etwas vermag, das Eigentum Macht verleiht. Diese Macht kann sich darin ausdrücken, dass man jemanden nach eigenen Bestimmungen in Dienst nimmt und für sich arbeiten lässt.

Eigentum als gesellschaftlich und sozial anerkannte Verfügungsgewalt über eine Sache lässt sich bereits in der Frühgeschichte belegen. In der ersten kodifizierten Rechtsordnung, dem babylonischen Codex Hammurabi, wird das Kaufrecht wie das Erbrecht benannt.

Im antiken Griechenland beginnt mit Platon (428-348 v.Chr.) und Aristoteles (384-322 v. Chr.) die Reflexion über die Bedeutung von Eigentum. Reichtum ist für die antiken Griechen nur ein Mittel zur Erreichung von Zielen, das Ziel des menschlichen Lebens ist für sie das Gute. Sie gaben dem individuellen Eigentum den Vorzug vor gemeinschaftlichem, da persönliches Eigentum eine größere Sorgfalt gegenüber den Sachen bewirke. Auch entspräche Privateigentum dem Prinzip der Leistung. Eindeutig regele Eigentum die Zuständigkeiten, damit könne Streit vermieden werden. Persönliches Eigentum ermögliche die Tugend der Freizügigkeit und den Genuss in der Gemeinschaft. Darum sei Gemeineigentum nur dort sinnvoll, wo es gemeinschaftlich genutzt wird und einer gemeinsamen Finanzierung bedarf.

Gesellschaftlicher und ökonomischer Kern der antiken Gesellschaft war der Familienhaushalt, in Griechenland Tokios genannt, im römischen Reich Dominium. Der Hausherr (oikonom bzw. pater familias) war uneingeschränkter Eigentümer über alles Hab und Gut, inklusive der Tiere, Sklaven und Familienangehörigen.

Eine rechtliche Fassung der Eigentumsidee entfaltete sich im antiken Rom über das Zwölftafelgesetz. Dieses Gesetz sollte Konflikte zwischen den grundbesitzenden Patriziern und den vermögenslosen Plebejern ordnen.

Die Eigentumsdefinition des Bürgerlichen Gesetzbuches im § 903 BGB sowie das Immissionsverbot des § 906 BGB haben deutlich erkennbar ihre Wurzeln im antiken römischen Recht.

*Eigentum – ein Herrschaftsrecht*

Als Herrschaftsrecht über eine Sache - verbunden mit der wechselhaften Sicht, was diese Sache ausmacht, prägt Eigentum den Lauf der Geschichte. Behauptetes und anerkanntes Eigentum bestimmten den Grad der Freiheit. Wer kein Eigentum hat, bleibt unfrei und dem Eigentum anderer zugehörig. Diese existentielle Abhängigkeit verschleiern heutige Zeitgenossen gern mit der Vokabel „erwerbsabhängig".

Aus der Wechselseitigkeit von Freiheit und Eigentum entwickelte Thomas Hobbes (1588-1679) die Idee eines Gesellschaftsvertrages. Danach sollte jeder Einzelne seine Freiheitsrechte an einen zentralen, allmächtigen Herrscher übertragen. Dieser absolute Regent legt dann Gesetze fest und setzt sie durch. Er allein kann als Souverän Rechte des Eigentümers einschränken, ohne dass der Bürger ein Recht hätte, ihn daran zu hindern.

Sein Landsmann John Locke (1632-1704) dagegen erklärt in den „Zwei Abhandlungen über die Regierung" Eigentum als Grundrecht. Eigentum entsteht nicht aus Vertrag oder durch Übertragung durch den Souverän, es beruht auf einem überpositiven Naturrecht. Dieses Naturrecht gründet in der anthropologischen Bedingung des Menschen, sich zum Zweck der Selbsterhaltung Teile der Natur anzueignen und zu bearbeiten. Aus dieser anthropologischen Pflicht zur Arbeit entsteht das Recht auf Zugriff zu allem, was die Erfüllung dieser Pflicht ermöglicht. Dieses Recht auf Pflichterfüllung setzt nach Locke zugleich die Grenzen des Eigentumerwerbs. Diese Grenze ist dort, wo der Mensch das von der Natur durch Arbeit Gewonnene nicht mehr selbst verbrauchen kann und es darum nutzen könnte zur Herrschaft über Menschen, die er für seine Zwecke verdingen will.

Eine derart freiheitssichernde Eigentumsordnung sei das „große und hauptsächliche Ziel, weshalb Menschen sich zu einem Staatswesen zusammenschließen und sich unter eine Regierung stellen" (II § 124). Trotz seiner scharfen Kritik an der Entwicklung der Eigentumsverhältnisse betrachtete Jean-Jacques Rousseau (1712-1778) das Eigentum „als das heiligste von allen Bürgerrechten, in gewissen Beziehungen noch wichtiger als die Freiheit selbst..., weil das Eigentum die wahre Begründung der menschlichen Gesellschaft und der wahre Garant der Verpflichtung der Bürger ist." Eigentum und bürgerliche Freiheit sind nach Rousseau durch das Gemeinwohl zu begrenzen. Dementsprechend kann durch demokratischen Entscheid in die Verteilung des Einkommens eingegriffen werden, um eine größere Verteilungsgerechtigkeit herzustellen.

Die Ideen von Locke und Rousseau wirkten auf die amerikanische Verfassung und die Französische Revolution. Die französische Nationalversammlung verkündete als Art. 17 der Erklärung der Menschen- und Bürgerrechte am 26. August 1789: „Da das Eigentum ein unverletzliches und heiliges Recht ist, kann es niemandem entzogen werden, es sei denn, dass dies die gesetzlich festgelegte öffentliche Notwendigkeit offensichtlich fordert, und dass eine gerechte und vorherige Entschädigung geleistet wird."

Philosophische Betrachtungen und rechtliche Formulierungen wurden allerdings von der wirtschaftlichen Entwicklung durch die Industrialisierung als wirkungsarm an den Rand gedrängt. Neben der unfreien und abhängigen Landbevölkerung entstand in den Städten eine proletarische Arbeiterschaft, die in totaler Erwerbsabhängigkeit in Manufakturen, Bergwerken, Großbetrieben der aufkommenden Metall- oder Textilindustrie tätig waren. Die unzureichenden sozialen Bedingungen führten zur Verarmung zunehmender Bevölkerungsteile, die einst feudale Ständegesellschaft wandelte sich zur Klassengesellschaft, in der das Eigentum an Produktionsmitteln den wesentlichen Einfluss auf die gesellschaftliche Stellung ausmachte.

Zu Beginn des 19. Jahrhunderts wurde die Kritik an den entstandenen Verhältnissen zur Kritik am Eigentum selbst. „Eigentum ist Diebstahl" erklärte der Frühsozialist Pierre Joseph Proudhon (1809-1865). Philosophen wie Franz von Baader (1765-1841) oder Franz Joseph Ritter von Buß (1803-1878) sahen in einer ungerechten Eigentumsordnung die Ursache für die katastrophale soziale Lage der Arbeiter. Für Karl Marx und Friedrich Engels war Eigentum die Ursache der Entfremdung und Ausbeutung des Arbeiters. Für sie war der Kommunismus vor allem ein Projekt zur „Aufhebung des Privateigentums".

Die krasse Ablehnung des Eigentums wurde zum Markenzeichen des Sozialismus, die ebenso krasse Verteidigung kennzeichnete den Liberalismus – die Konzepte einer Eigentumsordnung der Arbeitswerttheoretiker von Aristoteles über Thomas von Aquin (1225-1274), John Locke bis hin zu Karl von Vogelsang (1818-1890), Wilhelm Hohoff (1848-1923) und Johannes Kleinhappl (1893-1979) wurden zwischen den Fronten zerrieben.

Nach der derzeit international gültigen Wirtschafts- und Eigentumsordnung

- wird die besitzlose Mehrheit der Menschen heute nicht mehr nur zum Nutzen der Arbeitsmittelbesitzer, sondern auch anonymer Investoren bewirtschaftet und ausgebeutet;

- werden trotz UN-Menschenrechtscharta, Europäischer Sozialcharta selbst in den wirtschaftlich erfolgreichen Industriestaaten die Erwerbsabhängigen massenhaft als Prekariat in die sozialstaatliche Fürsorge getrieben, diese Fürsorge zugleich als Sparprogramm eingeschränkt und abgebaut.

Die geltende Ordnung erlaubt

- die unbeschränkte Anhäufung von Produktions- und Arbeitsmitteln über den eigenen Arbeitsbedarf hinaus,

- dadurch die Indienstnahme und Bewirtschaftung produktionsmittelloser Menschen (Erwerbs-abhängige) zu profitorientiertem Nutzen,

- Aneignung der von den Erwerbsabhängigen geschaffenen wirtschaftlichen Werte.

Eine den Menschen und seiner Würde gerechte Ordnung würde das Grundrecht auf ausreichendes Eigentum an Produktions- und Arbeitsmitteln eines jeden erwerbsfähigen Menschen sichern. Diese Sicherung erfolgte durch eine strikte Begrenzung solchen Eigentums auf den zum je eigenen Arbeitsvollzug nötigen Umfang.

Auf den eigenen Arbeitsvollzug begrenztes Eigentum an Produktionsmitteln verhindert die Bewirtschaftung eigentumsloser Erwerbsabhängiger; Entproletarisierung wird dadurch möglich.

Auch würde eine an der Würde der Menschen orientierte Eigentumsordnung die Arbeitsleistung und dessen vollen Wert dem zusprechen, der sie tatsächlich erbracht hat. Diese vom Mitmenschen erbrachte Arbeitsleistung ist nur zu erwerben und zu nutzen, indem eine gleichwertige Gegenleistung erbracht wird. Leistung und entsprechende Gegenleistung erwirken Verkehrsgerechtigkeit in einer Tauschwirtschaft. Damit wird es den Menschen möglich, sich in einem wahrhaft sozialen und freien Markt aus eigener Leistung die Existenz zu sichern.

Noch beherrscht die antik-römische Eigentumsideologie die politische Wirklichkeit. An der Menschenwürde ausgerichtete Politik sicherte jedem Menschen seinen Anteil an wirtschaftlicher Wertschöpfung als Eigentum zu. Eine wesentliche Herausforderung an eine verfassungsberatende oder verfassungsgebende Versammlung (Verfassungskonvent) stellt sich also in der Rahmenkonzeption einer gemeinwohlorientierten Eigentumsordnung.

Bislang wird die Eigentumsordnung einer Gesellschaft als Teil der Wirtschaftsordnung verstanden und geregelt, als Verfügungsrechte über wirtschaftliche Güter. Eigentumsrechte beschreiben aber nicht die Beziehungen zwischen einer Person und einer Sache, denn Sachen können nicht Rechtsobjekt sein.

Eigentumsrechte definieren die Beziehungen zwischen Personen über die Verfügung an einer Sache. Eigentumsordnungen sind zwischenmenschliche, soziale Ordnungen und als solche zugleich Freiheitsordnungen. Sie haben darum den materiellen Gehalt des Begriffes **Eigentum** zu benennen.

Eigentumsordnungen haben zu klären, welche Arten von Gütern und Rechten privates Eigentum sein dürfen und welche nicht:

- Ist privates Eigentum an anderen Menschen zulässig (Sklaverei, Leibeigenschaft)?

- Ist privates Eigentum an Herrschaftspositionen zulässig (Erblicher Adel, Dynastie)?

- Ist privates Eigentum an Produktionsmitteln und Infrastruktureinrichtungen wie Grund und Boden, Fabriken, Brücken, Straßen etc. zulässig (Kapitalismus)?

- Hat ein als Eigentum behandeltes Gut (physikalische) Eigenschaften, die eine Zuordnung des Guts zu einer Eigentumssphäre einschränken (Luft, Wasser, Umwelt, sich nur beschränkt kontrollierbar ausbreitende Organismen, Ideen usw.)?

- Können wissenschaftliche Erkenntnisse, die Anwendung von Naturgesetzen oder freie Schöpfungsressourcen zu privatem Eigentum werden?

- Können öffentlich geäußerte Ideen, Vorstellungen und Konzepte zu privat wirtschaftlich verwertbaren Rechten werden?

Es ergeben sich wesentliche Unterschiede durch die differenziert gestalteten Eingriffsrechte der politischen Instanzen (Besteuerung des Eigentums und dessen Vererbung, Regelung von Enteignung und der entsprechenden Entschädigung, Sozialpflichtigkeit des Eigentums).

Jede Eigentumsordnung bewirkt soziale Folgen. Die Gestaltung der Ordnung entscheidet, ob es konfliktbegründende oder konfliktentschärfende Folgen sind. Ohne definiertes Eigentumsrecht und begrenztes Eigentum gibt es bei allen Gütern, die nicht im Überfluss vorhanden sind,

Streit um Zugang und Nutzung. Es bedarf darum einer demokratisch legitimierten Regelung, wer wann welches Gut benutzen oder verbrauchen darf.

Die Dynamik gesellschaftlicher Verhältnisse und Entwicklungen erfordert einen per Verfassung beschriebenen Lösungsweg zur Klärung der sich aus der Eigentumsordnung selbst wiederum ergebenden Fragen und Problemstellungen.

Dieser Lösungsweg kann sich nicht auf den wirtschaftlichen, ökonomischen Teilbereich der Gesellschaft beschränken, sondern braucht seine sozialethische Legitimation, seine kulturelle Entfaltung sowie seine rechtliche Verankerung in je eigener demokratischer Konsensfindung.

# 5 Jahre Initiative Verfassungskonvent – ein Zwischenbericht

## Vom Grundwert zum Kalkül

Die Würde des Menschen ist antastbar. Sie ist ständig und in hohem Maße der Verletzungsgefahr ausgesetzt. Darum hatten die Autoren des Grundgesetzes aus den Erfahrungen von Weltkriegen, Nationalsozialismus und Holocaust die Würde der Person zum zentralen Angelpunkt deutscher Politik bestimmt. „Jegliche Staatsgewalt" wurde zu Achtung und Schutz dieser als unantastbar erklärten Würde verpflichtet. Dem Anspruch dieser Würde folgend legt das Grundgesetz im Art. 20 das Volk als Souverän des Staates fest sowie, dass alle Staatsgewalt vom Volk ausgeht. Dass also jedes Handlungskonzept von Exekutive und Judikative der Legitimation durch das Volk bedarf. Schließlich ist kein einziger Mensch derart unwürdig, dass irgendwer Anderer ohne die eigene Zustimmung über ihn herrschen darf. Damit sich die legitimierende gesetzgebende Staatsgewalt auch aus der kulturellen und regionalen Vielfalt des Volkes entfalten kann, bestimmt das Grundgesetz die föderale Struktur der Bundesrepublik Deutschland.

Doch immer wieder stehen Erfahrungen zum Umgang staatlicher Einrichtungen mit den Bürgern gravierend im Widerspruch zum Art. 1 des deutschen Grundgesetzes. Haben wir wirklich verstanden, was der zweite Satz des Art. 1 GG fordert? Alle Staatsgewalt greift weit über die theoretische Konstruktion staatlicher Gewaltenteilung hinaus. Übersetzen wir „alle Staatsgewalt" in die Alltagssprache gesunden Menschenverstandes, so bedeutet es: „Sie zu achten und zu schützen ist Verpflichtung jeglicher staatlichen Handlung und Dienstleistung."

Dann sehen wir auch die subtilen Antastungen menschlicher Würde im Behördenalltag, wenn etwa der Staatsräson wegen der Bürgerwillen missachtet und dem Bürger so seine Würde geschmälert wird. Solche Entwürdigungen passierten bereits, lange bevor soziale Gesetze unter dem Druck der Marktinteressen aus der Bahn gerieten und als Hartz-Gesetze entgleisten. Da nützt auch die nachträgliche verfassungsrechtliche Ohrfeige von der „willkürlichen und grundgesetzwidrigen Bemessung der Regelsätze" nicht[6]! Die Würde der Bürger ist und wird verletzt, doch die politisch Verantwortlichen zucken die Schultern zu den angeblichen Kollateralschäden der Globalisierung.

Längst ist im Schul-, Bildungs- und Fortbildungsbetrieb die in der Menschenwürde begründete freie Entfaltung der Neigungen, Fähigkeiten und Fertigkeiten dem Kalkül der marktorientierten Verwertbarkeit gewichen. Inzwischen unnötige und vermeidbare Umweltbelastungen, sogar die Vernichtung von Lebensgrundlagen ganzer Völker, werden von den Mandatsträgern, aber auch von der Mehrheit des Volkes hingenommen für einen höchst zweifelhaften und labilen Wohlstand. Menschenhandel und Lohnsklaverei sind keineswegs kulturelle Restbestände vormoderner Zivilisationen. Sie liefern auch und gerade in den sich modern und human bezeichnenden Zivilisationen wesentliche Beiträge zur ökonomischen Wachstumsbilanz.

„Menschenwürde" liest sich gut und passt immer wieder in Erklärungen, Manifeste und Sonntagsreden. Aber als jegliche staatliche Handlung und Dienstleistung begründender Wert hat sie einen miesen Stand im politischen Geschäft.

Die unantastbare Würde des Menschen und die daraus abgeleiteten spezifischen Grundrechte sind im realpolitischen Alltag zum machtpolitischen Kalkül verkommen.

Begründete Kritik an politischen Entscheidungen, konstruktiven Handlungsalternativen und tiefgreifenden Reformvorschlägen gibt es zuhauf. Doch sie werden im parteipolitischen Machtgerangel zerrieben und zerfleddert. Vorschläge und Forderungen zivilgesellschaftlicher Verbände, Initiativen und Organisationen bleiben zumeist wirkungslos. Dies vor allem, wenn sie auf soziale Balance und verbessertes Gemeinwohl hinzielen.

Die im Grundgesetz definierten Kernpunkte moderner Demokratie gerieten ins Abseits:
- Unantastbarkeit der Würde, deren Achtung und Schutz

---

[6] BVerfG, Urteil des Ersten Senats vom 09. Februar 2010 - 1 BvL 1/09 - Rn. (1-220)

- Legitimation politischen Handelns durch das Volk
- föderaler Aufbau des Staates

Zwar werden sie im Art. 79 (3) GG ausdrücklich vor etwaigen Grundgesetz-Änderungen geschützt. Doch dieser Schutz wurde nur formal eingehalten. Am Wortlaut der Bestimmungen wurde seit 1949 nichts geändert. Dennoch erleben wir, wie sehr diese Bestimmungen ausgehöhlt und inhaltsleer wurden. Es ist höchste Zeit, diesen Kernpunkten moderner Demokratie neue Beachtung und Aufwertung zu geben.

Dazu ist der Weg neu zu bestimmen
- von der Meinungsbildung in der Bevölkerung
- über die politische Willensbildung des Volkes
- zur legitimierenden Rahmensetzung für das politische Handeln der Exekutive.

Die Missachtung des Volkswillens wird nicht nur sichtbar in der verfassungswidrigen Zurückweisung des im Art. 20 (2) GG festgelegten Volks-Abstimmungsrechtes. In vielen Politikfeldern (Sozialpolitik, Schulpolitik, TTIP/CETA, Bundeswehr-Auslandseinsätze etc.) setzen sich die der demoautären[7] Republik verhafteten Parteien über Meinungs- und Willensbildung im Volk hinweg. Solche Missachtung und die Unterwerfung der Demokratie unter die Marktinteressen sind schon für sich wichtige Gründe zur Demokratiereform.

Der alles entscheidende, wesentliche Grund aber lautet:

**Der Würde wegen!**

---

[7] Hülkenberg, Nur mal angenommen ... ... Demokratie ginge anders, S. 103

# Die Wurzeln der Initiative

Aktionen, Initiativen, Projekte fallen nicht einfach vom Himmel. Sie haben ihre Geschichte, ihre Hintergründe. Sie wurzeln in Erfahrungsaustausch, gemeinsamen Beratungen und Konferenzen und häufig in spontanen Ideen während der Kaffeepausen solcher Tagungen.

Die Initiative Verfassungskonvent hat ihre Wurzeln in den „Sommerakademien für politische Querdenker und Quertuer" des Katholisch-Sozialen Instituts (KSI), Bad Honnef. Die 1999 vom seinerzeitigen KSI-Direktor Joachim Sikora ins Leben gerufene Sommerakademie setzte als OPEN-SPACE-Tagung konsequent auf die Kompetenz und Kreativität der Teilnehmer. Deren Erfahrungen, Anfragen und Anregungen flossen wiederum in die Arbeit des KSI ein. So entstand eine in Deutschland ungewöhnliche, weil weltanschauungsoffene Plattform gesellschaftlichen Dialoges.

Auf der QUER 2005 formulierten die Teilnehmer als ernüchternde Einsicht: „Wir liefern mit unseren Projekten und Initiativen Blaupausen für eine solidarische und gemeinwohlorientierte Gesellschaft. Doch von den Machthabern in Wirtschaft und Politik werden diese Erfahrungen systematisch ignoriert."

Es begann eine intensive, über mehrere Jahre dauernde Suche nach wirksamen Wegen, Einfluss in der „Arena der Interessen" zu bekommen. Die Gründung neuer Parteien, Unterstützung parteiloser Direktkandidaten für den Bundestag, eine Allianz der beim Bundeswahlleiter gemeldeten Kleinparteien – die Konzepte wurden hin und her geprüft und mehrheitlich als unwirksam verworfen.

Immer deutlicher stellte sich heraus, dass die Spielregeln politischer Entscheidungsfindung und Handlungslegitimation zu überprüfen und zu überarbeiten sind. Spielregeln sind nicht allgemeingültig, Skat spielt man nicht wie Mau-Mau. Auf demselben Spielbrett sind „Schach" und „Dame" unterschiedlichen Regeln unterworfen. Wer Spielregeln prüfen, ändern oder neu einführen will, muss klar definieren, welches Spiel er meint.

In einem Staatswesen sind die Spielregeln der Politik in der Verfassung beschrieben. Hier wird definiert, unter welchen Umständen wem welche Macht und Kompetenz zukommt. Die Verfassung definiert die

Grundsätze und Rahmenbedingungen, an denen die Politik auszurichten und die Machtausübung zu verantworten ist. Auch hat die Verfassung zu benennen, wem die dazu notwendige Deutungshoheit zusteht.

„Alle Staatsgewalt geht vom Volke aus", erklärt das deutsche Grundgesetz im Art. 20 (2).

Wie aber kann, darf, soll es diese Staatsgewalt ausüben? Darf es über Art und Weise selbst bestimmen? Wer definiert, wann das Volk welches Recht ausüben darf? Und wer ist eigentlich „das Volk"? Im Wust solcher Fragen wurde dem deutschen Volk von den Verfassern des Grundgesetzes ein wichtiger Hinweis hinterlassen. In einer markanten Rede hatte 1949 Professor Carlo Schmidt dargelegt, dass das zur Annahme durch die Alliierten vorgelegte Grundgesetz der Bundesrepublik Deutschland ein Provisorium sei, gültig nur bis zu „dem Tage, an dem eine Verfassung in Kraft tritt, die von dem deutschem Volk in freier Entscheidung beschlossen worden ist." Diese konstruktive Ablösung des Provisoriums Grundgesetz wurde ausdrücklich im Art. 146 Grundgesetz festgelegt.


Am Pilgerkarren zu meinem zweiten Demokratie-Pilgerweg 2009 luden verschiedene Grafiken und Mindmaps zum Gespräch ein. So hieß es: Nur mal angenommen...   ...wir nähmen Art. 146 Grundgesetz ernst.

Der Art. 146 rückte immer stärker ins Zentrum unserer Überlegungen. Wer darf überhaupt dem Volk einen Verfassungsentwurf vorlegen? Wie soll das Volk darüber entscheiden? Wer darf die Initiative zu einem derartigen Prozess ergreifen? Wer ist daran zu beteiligen? Etc. usw.

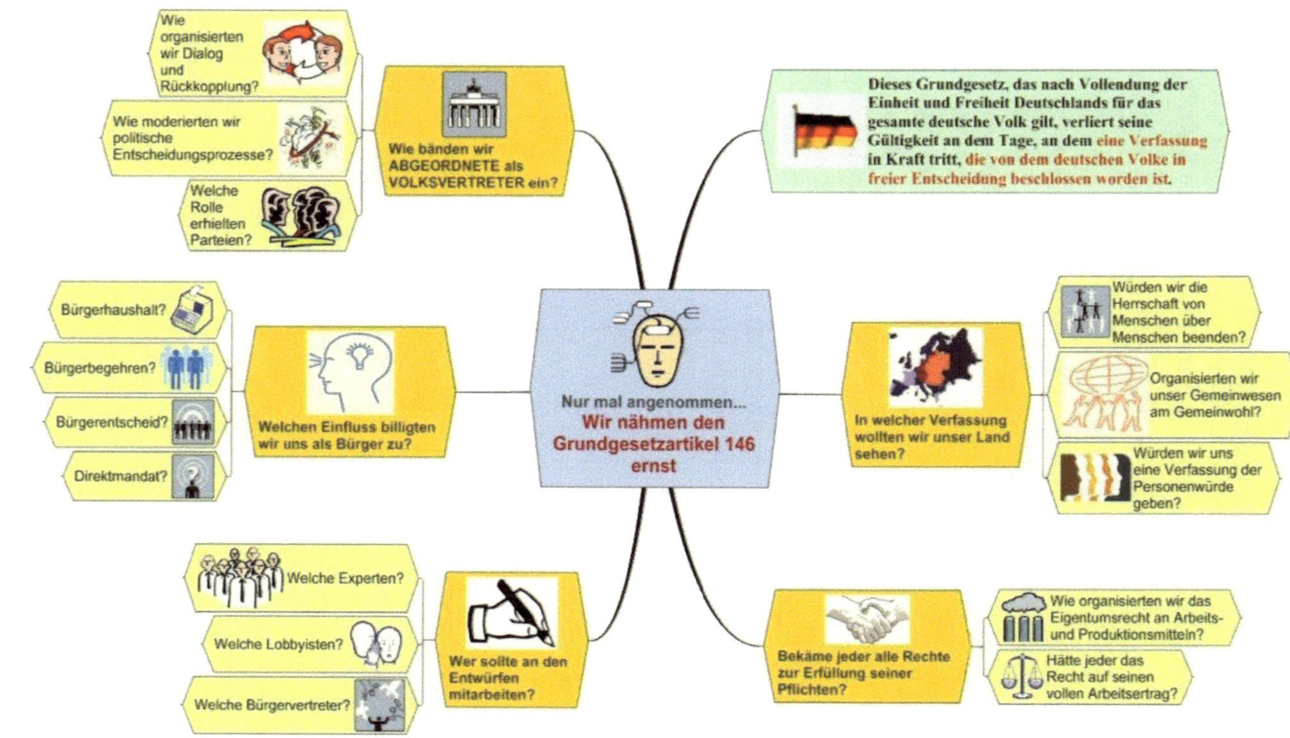

Wie organisierten wir Dialog und Rückkopplung?
Wie moderierten wir politische Entscheidungsprozesse?
Welche Rolle erhielten Parteien?
Wie bänden wir ABGEORDNETE als VOLKSVERTRETER ein?
Dieses Grundgesetz, das nach Vollendung der Einheit und Freiheit Deutschlands für das gesamte deutsche Volk gilt, verliert seine Gültigkeit an dem Tage, an dem eine Verfassung in Kraft tritt, die von dem deutschen Volke in freier Entscheidung beschlossen worden ist.
Bürgerhaushalt?
Bürgerbegehren?
Bürgerentscheid?
Direktmandat?
Welchen Einfluss billigten wir uns als Bürger zu?
Nur mal angenommen... Wir nähmen den Grundgesetzartikel 146 ernst
In welcher Verfassung wollten wir unser Land sehen?
Würden wir die Herrschaft von Menschen über Menschen beenden?
Organisierten wir unser Gemeinwesen am Gemeinwohl?
Würden wir uns eine Verfassung der Personenwürde geben?
Welche Experten?
Welche Lobbyisten?
Welche Bürgervertreter?
Wer sollte an den Entwürfen mitarbeiten?
Bekäme jeder alle Rechte zur Erfüllung seiner Pflichten?
Wie organisierten wir das Eigentumsrecht an Arbeits- und Produktionsmitteln?
Hätte jeder das Recht auf seinen vollen Arbeitsertrag?

Ein Verfassungsentwurf, der heutigen Demokratie-Anforderungen gerecht werden will, läßt sich nur im breiten Dialog der abstimmungsberechtigten Bevölkerung (der Wähler) entwickeln. Wie aber ist ein solcher dialogischer, deliberativer Prozess zu organisieren? Wie kann ein solcher Prozess aussehen? Wer hat überhaupt Interesse daran?

In der Vorbereitung zur QUER 2011 brachte Joachim Sikora den Vorschlag ein, einen zivilgesellschaftlichen Verfassungskonvent zu initiieren. Gemeinsam mit dem Sozialphilosophen Professor Johannes Heinrichs brachten wir diese Idee in die Beratungen der Sommerakademie ein.

Es bildete sich eine Initiativgruppe, die eine erste offene bundesweite Tagung konzipieren und vorbereiten sollte.

## Von der „QUER 2011" zur ersten Konferenz

Diese zwölfköpfige Arbeitsgruppe nahm es auf sich, die Grundidee „Verfassungskonvent" zu entfalten und zu konkretisieren. Den Kostenaufwand ihrer Arbeit trugen die Teilnehmer aus eigener Tasche. Hamburg und Lörrach waren die weitesten Anreiseorte zu den Arbeitstreffen in Köln.

Zu den frühen Kernfragen zählten:
- Wollen wir der Konvent sein und einen Verfassungsentwurf erarbeiten?
- Wollen wir eine Arbeitsplattform bieten für reformorientierte Initiativen?
- Wollen wir uns für einen bestimmten Lösungsentwurf engagieren? Wenn ja, für welchen?
- Wie kann eine Verfassungsreform aussehen, die die überfälligen Sachreformen ermöglicht?
- Welche Ansprüche stellen wir an eine moderne Demokratie?
- Wie können wir einen breiten gesellschaftlichen Dialog über Demokratieentwicklung auslösen und fördern?

Über die verschiedenen Sitzungen der Arbeitsgruppe schälte sich als gemeinsame Überzeugung heraus:

- Die Initiative ist selbst <u>nicht</u> der Konvent. Sie arbeitet auf einen zivilgesellschaftlichen Konvent hin, der dem deutschen Volk einen an Gemeinwohl und Solidarität ausgerichteten Verfassungsentwurf vorlegt.
- Die Initiative macht sich nicht zum Fürsprecher einer bestimmten Lösungsidee. Sie will die gesellschaftliche Debatte über die unterschiedlichen Lösungsansätze fördern.
- Die Initiative konzentriert sich nicht auf die sachpolitischen Reformbestrebungen, sondern auf die demokratischen Verfahren, die gute Sachlösungen ermöglichen und demokratisch legitimieren.

Wir entschieden uns, zum offenen Dialog einzuladen. Über 80 zivilgesellschaftliche Initiativen und Organisationen, die sich in ihrem je spezifischen Engagement für eine solidarische und gemeinwohlorientierte Gesellschaft einsetzen, wurden in einem persönlichen Schreiben über unser Anliegen informiert und zur ersten offenen Konferenz eingeladen. Um diesen Prozess anzustoßen und die weitere Vorgehensweise zu beraten, luden wir zu einem ersten Treffen vom 5.4.-7.4. 2012 nach Bad Honnef ein. Als Gesprächsvorlage diente das folgende Positionspapier:

## Unser Anliegen

Demokratie! Nein, danke?

In einer Demokratie sollte alle Macht vom Volke ausgehen. Doch für immer weniger Menschen ist dieser Grundsatz reale Erfahrung. Das Unbehagen an der praktizierten Demokratie ist weitverbreitet.

In moderner, wertepluraler Gesellschaft führt die Fülle tages-, wirtschafts- oder grundsatzpolitischer Fragen zu einer paradoxen Situation:

Wählerrückgang und Mitgliederschwund kennzeichnen den Weg ehemaliger Volksparteien zu Machterhalt- oder Machterringungs-Oligarchien.

Parteien, zur "Mitwirkung an der politischen Willensbildung" berufen, benehmen sich als alleinige "Träger politischer Willensbildung", ohne deren Kontrolle nichts möglich ist, am wenigsten ihrem Gewissen verpflichtete Abgeordnete. Die gesellschaftliche Realität zeigt, dass das Prinzip der „repräsentativen" Demokratie an seine Grenzen stößt und der Ergänzungen bedarf.

Die politisch-ökonomische Plünderung der Gemeinwesen geht ungebremst weiter. Sie wird noch gehemmt vom zivilgesellschaftlichen, zumeist ehrenamtlichen Engagement Millionen Bundesbürger und Bürgerinnen in den Regionen des Landes. Deren Engagement und Projekte bilden den "sozialen Kitt", der unser Gemeinwohl trotzt aller neoliberalen Reformen derzeit noch halbwegs zusammenhält.

Eine von der Rendite-Ideologie getriebene "Ökonomie" schwingt sich zur Herrschaft über das gesamte gesellschaftliche Leben auf. Ethische Appelle und Prämissen missachtend opfert sie soziale und kulturelle Leistungen und bedient sich des Rechtssystems zur Absicherung ihrer Beutezüge.

Analysen und Alternativkonzepte liegen zuhauf vor und werden, soweit überhaupt wahrgenommen, in öffentlichen und fachlichen Diskursen zerrieben, statt zu wirksamen Veränderungen zu führen.

Die Situation ist derart verfahren, dass wir nur in einem neuen Aufbruch den Weg in eine humane Zukunft sehen.

Demokratie weiter denken und entwickeln!

Es war einst ein epochaler Schritt zur Begrenzung feudaler Herrschaft:

- Beteiligung der Bürger über Parlamente

- Gewaltenteilung

- • „Macht auf Zeit" durch Wahl

Heute zeigt das Volk seine Reife. Der nächste Schritt ist nun überfällig: die demokratische Souveränität des Volkes! Stattdessen erleben wir eine schwere Krise der Demokratie.

## Initiative Verfassungskonvent

Mit der Initiative zu einem Verfassungskonvent lösen wir uns von den zumeist unwirksamen Debatten um die vielfältigen politischen Forderungen und Entwürfe.

Wir konzentrieren uns auf die Frage nach einem Verfahren politischer Willensbildung und politischer Entscheidung, welches dem Anspruch moderner Demokratie ebenso wie zeitgemäßen Einsichten über den Menschen gerecht wird.

Unsere Kernfragen an den Konvent:

Welche Verfassungsregeln braucht es, dass demokratische Willensbildung und politische Entscheidungen dem Anspruch der Menschenwürde und dem Gemeinwohl dienen?

Welche Verfassungsregeln braucht es, um basisdemokratische sowie regionale Ansprüche, repräsentativen Parlamentarismus und demokratische Kontrolle optimal zu verbinden?

Gemeinsam mit kompetenten Bürgerinnen und Bürgern, die sich in den unterschiedlichen Sachbereichen der Gesellschaft politisch-sozial engagieren, wollen wir diese Fragen prüfen und dem deutschen Volk einen Verfassungsentwurf zum Referendum gemäß Art. 146 GG vorlegen.

Art. 146 GG

„Dieses Grundgesetz, das nach Vollendung der Einheit und Freiheit Deutschlands für das gesamte deutsche Volk gilt, verliert seine Gültigkeit an dem Tage, an dem eine Verfassung in Kraft tritt, die von dem deutschen Volke in freier Entscheidung beschlossen worden ist."

# Auftakt in Bad Honnef

Mit diesen Grundüberlegungen startete die erste offene Bundeskonferenz 2012. Im Katholisch-Sozialen Institut (KSI), Bad Honnef, konnten wir die durch die österlichen Kartage freien Räume und Kapazitäten preisgünstig nutzen. Da die Initiative völlig ohne Fördermittel arbeitet und sämtliche Kosten privat gestemmt werden müssen, sind derartige Unterstützungsleistungen für unsere Arbeit notwendig.

Trotz der schlechten Terminlage kamen aber über 30 Teilnehmer aus dem gesamten Bundesgebiet zusammen. Intensiv berieten sie über die Entwicklung zu moderner Demokratie und die Anforderungen an eine zeitgemäße Verfassung.

Am Ende der Beratungen verabschiedeten die Teilnehmer einstimmig die folgende Erklärung:

**Von der Empörung zur Staatsverantwortung**

Bürger-Aufbruch für eine deutsche Verfassung

Unser Land, die Bundesrepublik Deutschland, erleben wir als Bürgerinnen und Bürger in einer eigenartigen Verfassung:

statt dem Amtseid entsprechend "des Volkes Wohl zu mehren", erschöpfen sich Parteien und Regierungen in der "Beruhigung der Märkte";

soziale und kulturelle Errungenschaften unseres Volkes werden globaler ökonomischer Spekulation geopfert, Versorgungseinrichtungen und Infrastrukturen veräußert, immer mehr Menschen in prekäre Lebensverhältnisse gedrängt;

mit dem zur Entscheidung anstehenden Europäischen Stabilitätsmechanismus (ESM) werden nicht nur astronomische Geldsummen an die Banken übertragen, sondern zugleich demokratische Rechte und Strukturen ausgehebelt.

Wir sind empört, denn wir lieben unser Land und wollen es nicht dem Raubzug der Spekulanten und Casino-Banken preisgeben.

Doch "Zorn und Unzufriedenheit reichen nicht; so etwas muss praktische Folgen haben" (Bertolt Brecht).

Wir wollen die sozialethischen Werte Solidarität und Gemeinwohl in unserem Volk fördern und sichern, sie neu als Politik und Bürger verpflichtende Staatsziele verankern.

Es ist Zeit, das seit 1949 als "Grundgesetz" geltende Provisorium endlich durch eine vom Volk in freier Entscheidung beschlossenen Verfassung abzulösen. Dazu fordert uns der Art.146 dieses Grundgesetzes auf.

Solche Verfassung kann aber erst dann vom Volk getragen und mit Leben erfüllt werden, wenn sie in einem breiten, jedem Bürger zugänglichen Dialogprozess entwickelt wird.

Zu einem solchen breiten Dialog rufen wir unsere Mitbürgerinnen und Mitbürger auf:

sprechen Sie mit Ihren Freundinnen und Freunden, Familien, Nachbarn, Kolleginnen und Kollegen über Vorstellungen von einer solidarischen, am Gemeinwohl orientierten Gesellschaft;

bilden Sie Gesprächsgruppen, um Vorschläge für die Rahmenbedingungen solch' einer Gesellschaft zu entwickeln;

sind Sie bereits politisch, sozial oder kulturell engagiert, um zum Gemeinwohl beizutragen, dann prüfen Sie bitte mit Ihren Mitstreitenden, welche Rahmenbedingungen Ihr Anliegen behindern und wie förderliche Regelungen aussehen könnten.

Bitte bringen Sie sich, Ihre Anliegen und Anregungen in den als Bürgerdialog angelegten Verfassungskonvent ein. (www.initiative-verfassungskonvent.de), (www.visionsofpolitics.de)

Als Bürgerinnen und Bürger dieser Bundesrepublik wollen wir mit der „Initiative Verfassungskonvent" eine Bürgerbewegung anstoßen. Unser Ziel ist eine Verfassung, die Solidarität, Gerechtigkeit und Gemeinwohl garantiert.

Art. 146 GG

„Dieses Grundgesetz, das nach Vollendung der Einheit und Freiheit Deutschlands für das gesamte deutsche Volk gilt, verliert seine Gültigkeit an dem Tage, an dem eine Verfassung in Kraft tritt, die von dem deutschen Volke in freier Entscheidung beschlossen worden ist."


Bad Honnef, Ostern 2012

# Von Bad Honnef nach Leipzig

Nachdem die erste Konferenz in Bad Honnef Grundansprüche an eine Demokratie prägende Verfassung definierte, stand im Fokus der zweiten offenen Bundeskonferenz in Leipzig die Strategie:

- Wie lassen sich die Anforderungen moderner Demokratie in die politische Realität der Bundesrepublik Deutschland einbringen?
- Ist ein Verfassungsreferendum gemäß Art. 146 Grundgesetz der richtige Ansatz?
- Haben wir als Bürger überhaupt die Berechtigung zu einem solchen Verfahren? Wer sonst hat die Berechtigung?
- Ist der ökonomische Hebel einer Geldreform nicht besser geeignet, die Machtstrukturen neu zu ordnen?
- Welche Zwischenschritte können uns weiter bringen?

Vor allem der Staatsrechtler Professor Hans Meyer plädierte für eine Konzentration aller Kräfte auf die Realisierung der bundesweiten Volksabstimmung. Dieses im Art. 20 (2) GG benannte Instrument könne die Türen öffnen für weitere notwendige Reformen. Im Blick auf die Bundestagswahl im Herbst 2013 unterstrich die Leipziger Konferenz den Anspruch auf die volle Umsetzung des Art. 20 (2) GG durch folgende Erklärung:

**LEIPZIGER AUFRUF**

Volksentscheid ins Grundgesetz!


Art. 20 Abs. 2 GG:

„Alle Staatsgewalt geht vom Volke aus. Sie wird vom Volke in Wahlen und Abstimmungen und durch besondere Organe der Gesetzgebung, der vollziehenden Gewalt und der Rechtsprechung ausgeübt."


Art. 21 Abs. 1 GG

„Die Parteien wirken bei der politischen Willensbildung des Volkes mit."

Seit Verabschiedung des Grundgesetzes 1949 wurden diese Bestimmungen auf den Kopf gestellt. Die Parteien haben sich zum Monopolisten politischer Willensbildung und Entscheidungen entwickelt. Es ist höchste Zeit, die Demokratie wieder auf die Füße zu stellen, um eine Politik im Interesse und zum Wohl des Volkes zu ermöglichen.

Ein erster, längst überfälliger Schritt dazu ist die rechtsverbindliche Aufnahme bundesweiter Volksinitiativen, Volksbegehren und Volksentscheide ins Grundgesetz.

Wir fordern den amtierenden Deutschen Bundestag auf, noch in dieser Legislaturperiode ein effektives Volksentscheidungsrecht zu beschließen.

Wir erwarten eine Beschlussfassung bis zum Verfassungstag am 23. Mai 2013.

Nur Abgeordnete, die dieses Vorhaben durch ihr Abstimmungsverhalten aktiv unterstützen und damit die Souveränitätsrechte des deutschen Volkes bestätigen, sind wählbar.

Als Grundlage für eine entsprechende Ergänzung des Grundgesetzes kommen beispielsweise in Betracht:
- Verfassungsentwurf des Kuratoriums für einen demokratisch verfassten Bund deutscher Länder vom 29.6.1991
  - Art. 82a

Verfassung des Landes Mecklenburg-Vorpommern  - Art. 59
und 60 Verfassung des Freistaates Bayern Art. 71, 72 und 74

Leipzig, den 09. Oktober 2012

# Von Leipzig nach Berlin

Wie vermutet blieben Kandidaten, Abgeordnete und Parteien von diesem Aufruf unbeeindruckt. Zur Sicherung der Parteienmacht nahmen sie lieber eine weitere Delegitimation ihrer Politik in Kauf als das „Verfassungsverbrechen im Wiederholungsfall" (Heribert Prantl, Süddeutsche Zeitung) zu beenden. Die Resonanz in der Bevölkerung (etwa 1700 Mitunterzeichner) machte ein anderes Problem deutlich: viele Bundesbürger engagieren sich in einer Fülle von Projekten, um die Zustände in dieser Republik zu verbessern. Ob in den Themenfeldern der Sozialpolitik, der Bildungspolitik, dem Umweltschutz, einer Finanzmarktreform oder der Abwehr von Eingriffen in die Bürger- und Menschenrechte. Die Konzentration auf die jeweiligen Konflikt- und Aktionsfelder führt bei vielen Akteuren dazu, dass sie die politischen Verfahrensfragen nur unzureichend in den Blick nehmen. Initiativen, die sich dagegen auf die Verfahrensfragen konzentrieren, nehmen häufig die notwendigen sachpolitischen Reformen unzureichend wahr. Die Ressourcen-Ökonomie der jeweils Engagierten orientiert sich somit häufig an einem „Entweder-Oder", wo ein „Sowohl-als-Auch" geboten ist.

Die jeweilige berechtigte Eigenheit der Aktionsansätze zu unterstreichen, gestaltete die Initiative ihren Internetauftritt neu. Drei aufeinander abgestimmte und untereinander verlinkte Websites verdeutlichen die Unterschiede von sachpolitischen und verfassungspolitischen Reformen, zugleich aber auch deren nicht auflösbare Zusammenhänge.

www.initiative-verfassungskonvent.de konzentriert sich auf den verfassungsrechtlichen Themenkreis,

- www.deutschland-neu-starten.de stellt systemische Lösungskonzepte für unterschiedliche sachpolitische Herausforderungen vor,
- www.visionsofpolitics.de lädt ein zur Diskussion dieser und eigener Vorschläge.

In einem Visionen-Reader stellte Joachim Sikora die seit der Querdenkerakademie 2011 bis Leipzig zusammengetragenen Überlegungen, Anfragen und Referentenbeiträge zusammen. [8]

Mit der Intention zu den notwendigen Synergieeffekten erfolgte die Einladung zur dritten offenen Bundeskonferenz in Berlin vom 23.-25. Mai 2013.

---

[8] J. Sikora (Hrsg.), Visionen-Reader II, tredition 2012

Wer weiß schon, ob es besser wird, wenn es anders wird. Doch es muss anders werden, damit es besser werden kann. (unbekannt)

Es ist Zeit, unsere Kräfte zu bündeln.

Es ist Zeit, dem Abbau der Demokratie Einhalt zu gebieten.

Es ist Zeit, die „Spielregeln" des politischen Geschehens neu auszurichten. Statt „Beruhigung der Märkte" müssen Ausbau und Sicherung des Gemeinwohls Vorrang bekommen. Die Reformkonzepte der Bürger, Verbände und NGOs brauchen eine echte Demokratie, um endlich umgesetzt werden zu können.

Es ist Zeit für Aktionsbündnisse der an Demokratie und Gemeinwohl Interessierten.

Wir laden Sie darum ein zum 3. Treffen der

vom 23. bis 25. Mai 2013

im „Haus der Demokratie und Menschenrechte", Berlin

„Re-Demokratisierung der Demokratie"

Sie sind Legion, die Bürger, die sich für eine Gesellschaft in

Solidarität, sozialer Gerechtigkeit und Gemeinwohl engagieren. In Aktionsgruppen, Bürgerinitiativen, Verbänden und überregionalen NGOs entwickeln sie Modelle und Konzepte. Sie leisten soziale Dienste, sichern kulturelle Vielfalt und gesellschaftliche Integration. Sie begründen den wirtschaftlichen Erfolg und Reichtum unseres Landes.

Zugleich müssen sie erleben, wie dieser Reichtum wenigen Bürgern in die Hände fällt, während die Mehrheit mit Brosamen abgefunden wird und breite Bevölkerungskreise in Armut versinken.

In demokratischen Verfahren gewählte Regierungen weisen notwendige Reformen und berechtigte politische Forderungen ab, weil dafür kein Geld zur Verfügung stehe. Zugleich bauen sie kulturelle und soziale Errungenschaften ab und verwenden das Volksvermögen zur Rettung und Sicherung einer gemeinwohlzerstörenden Finanzindustrie. Dazu bauen sie vor unseren Augen demokratische Rechte von Bürgern und Parlamenten ab, übertragen Souveränitätsrechte an supranationale Instanzen und ermächtigen diese zu politischen Weisungs- und Durchgriffsrechten.

80% der Deutschen wollen eine andere Politik. Eine Politik, die nicht der „Beruhigung der Märkte" dient, sondern der sozialen Gerechtigkeit, der kulturellen Entfaltung, der ökologischen Nachhaltigkeit, der Solidarität – also den Grundelementen des Gemeinwohls.

In Wahlprogrammen wird ihnen solche Politik versprochen, doch folgt stets eine andere Politik, begründet in „Sachzwängen".

Sie sind Legion, die das nicht mehr wollen.

Sie sind Legion, die Kritik üben und auf Änderungen drängen.

Doch sie sind zerstreute Legion, jeweils auf ihr Aktions- und Themenfeld konzentriert und dort voll engagiert.

Schon einmal wurde auf demokratischem Weg die Demokratie zu Fall gebracht. Achtzig Jahre nach dem Ermächtigungsgesetz sollten wir gelernt haben: Es kann nur _eine_ demokratische Ermächtigung geben, nämlich die Selbstermächtigung der Bürger.

Es ist Zeit für die demokratische Selbstermächtigung.

# Anforderungen an moderne Demokratie

In den mehrtägigen intensiven Beratungen konzentrierten  sich die Teilnehmer auf die Fragen
- Verfassung oder Gesellschaftsvertrag?
- Gesellschaftsvertrag als Verfassung?
- Politische Legitimation in der wertepluralen Gesellschaft?
- Interessenkampf oder Konsensförderung?

Bislang waren Verfassungen Vereinbarungen zwischen dem Volk und seinem Souverän. Wer sind die Vertragspartner, wenn das Volk zugleich der Souverän ist. Ist solche Verfassung nicht ein Vertrag demokratischer Selbstregulation?

Lassen sich in einer wertpluralen Gesellschaft politische Handlungskonzepte noch mit dem relativen Wahlsieg einer weltanschaulich orientierten Partei legitimieren? Welche Möglichkeiten gibt es, staatliche Wertneutraltät mit gesellschaftlicher Wertepluralität in Einklang zu bringen?

In den Beratungen gewannen die Teilnehmer praktische Erfahrungen in der „systemischen Konsensierung".[9] Dieses Verfahren der Bewertung unterschiedlicher Entscheidungsvarianten ist mittlerweile in Mediationen und Konfliktberatungen erfolgreich. Dabei werden die Varianten einzeln bewertet nach dem ihnen entgegengebrachten Widerstand. Nicht die Macht einer relativen Mehrheit oder einer Interessenkoalition, bei der selbst Verlierer zum Zünglein an der Waage werden können, ist dabei für die Entscheidung bedeutsam, sondern die breiteste Akzeptanz eines Vorschlags. Warum sollte solches Verfahren also nicht zur politischen Entscheidung genutzt werden?

Die Einsichten dieser Tagung führten zur den „Berliner Perspektiven.

---

[9] http://www.sk-prinzip.eu/

**Berliner Perspektive**

Die Teilnehmer der 3. Bundeskonferenz der INITIATIVE VERFASSUNGSKON-VENT wenden sich mit der „Berliner Perspektive" an jene Initiativen und Organisationen, die sich in Deutschland für mehr Demokratie in Gemeinwohl und sozialer Gerechtigkeit engagieren.

Gemeinsam mit Ihnen wollen wir Demokratie weiterentwickeln als Grundlage für nachhaltige und zukunftsfähige gesellschaftliche Veränderungen.

Etwa ein Viertel der Bundesbürger sind ehrenamtlich engagiert, um einer humanen Zukunft Wege zu bereiten. Die demokratische Kompetenz der Zivilgesellschaft hat die bestehende Partei-Dominanz längst überholt und liefert in Konzepten und praktischen Projekten „Blaupausen humaner Gesellschaft". Die gravierenden Entscheidungen und Veränderungen werden immer massiver von wirtschaftlichen und politischen Interessengruppen bewirkt, die sich nicht um das Gemeinwohl scheren. So werden schwer errungene soziale Leistungen und Standards preisgegeben und abgeschafft. Statt das gesellschaftliche Wirtschaften demokratisch zu entwickeln, streben Regierungen die „marktkonforme Demokratie" an. Zur „Beruhigung der Märkte" werden öffentliche Haushalte ausgezehrt und überschuldet, die Lasten heutigen und zukünftigen Bürgern übertragen.

Sicher geglaubte Regeln der Demokratie werden von Regierungen ausgehebelt, Souveränitätsrechte ohne Votum des Volkes aufgegeben. Zugleich erfahren wir als ein Handicap der zivilgesellschaftlichen Initiativen, das sie sich mehr und mehr auf einzelne, immer spezifischere Themenfelder fokussieren und dabei die systemische Gesamtsicht aus den Augen verlieren. Zwar wächst Empörung im Volk und findet Ausdruck in Großdemonstrationen, Blockaden als auch in Wahlenthaltungen, doch Empörung allein schafft keine politischen Reformen.

Es ist Zeit, Demokratie wieder neu zu fassen und zu verfassen.

Es ist Zeit, die Einflussmöglichkeiten des Volkes in die Politik neu zu gestalten

Es ist Zeit, die demokratischen Regeln so zu fassen, dass das Volk selbst Politik macht für das Volk.

Die politische Bedeutungslosigkeit der StaatsbürgerInnen, welche nur in periodischen Abständen die Fortdauer eines überholten Systems durch Ankreuzen bestätigen oder bestenfalls ein Volksbegehren unterschreiben dürfen, muss beendet werden. Nicht mehr die persönliche Macht Einzelner darf für den politischen Einfluss ausschlaggebend sein, sondern der Wert der Ideen aus Sicht der Bevölkerung.

Als Voraussetzungen für eine Weiterentwicklung der Demokratie sehen wir:
> die Schaffung einer regierungsunabhängigen Institution des Souverän;

> die Weiterentwicklung der Gewaltenteilung unter Einbezug der Zivilgesellschaft und der Finanzinstitutionen;

> die Definition eines neuen Verfassungsverständnisses zur transparenten Selbstregelung der Gesellschaft;

> die Nutzung von Abstimmungsverfahren, die nicht auf die Macht der einfachen Mehrheit ausgerichtet sind, sondern auf den besten Vorschlag mit dem geringsten Widerstand;

> die Festlegung der Wirtschafts- und Gesellschaftsordnung auf das „Gemeinwohl" und

> die Einberufung eines zivilgesellschaftlich basierten „Verfassungs-Konvents", der eine neue Verfassung erarbeitet, um sie gemäß Art.146 GG durch eine Volksabstimmung bestätigen zu lassen.

Das Volk als Souverän muss künftig:
> eine Regierung abwählen können;

> vom Parlament beschlossene Gesetze korrigieren können;

> selber Gesetze zur Abstimmung bringen können;

> einen „Verfassungskonvent" einberufen und

> die Verfassung per Volksabstimmung ändern können.

Es ist Zeit, dass die für echte Demokratie und Gemeinwohl engagierten zivilgesellschaftlichen Gruppen und Organisationen sich verständigen und die für die Veränderungen notwendige Gestaltungskraft entwickeln.

Dies halten wir für die vordringliche demokratische Aufgabe der nächsten Jahre. Dazu sollten im besten Fall alle Kräfte, die mehr Demokratie wollen, zusammenarbeiten. Gemeinsam gilt es, ein innovatives und zeitgemäßes Demokratie-Konzept auszuarbeiten und in ein Bündnis einzubringen, das als **Bürgerrechtsbewegung** aktiv wird.

Wir wollen einen friedlich-evolutionären Übergang in eine neue Verfassungsordnung.

Berlin, im Mai 2013

## Von Berlin nach Neustadt

Die während der Berliner Tagung erarbeiteten Einsichten zu moderner Demokratie müssen sich entfalten. Erst wenn sie engagiert von starken Kreisen in der Bevölkerung getragen werden, haben sie Chancen politischer Verwirklichung. Noch hat ein solcher Paradigmenwechsel diese Kreise nicht erreicht oder gar geeint. Einen Schulterschluss der unterschiedlichen Akteure wollten wir mit der Tagung im Schatten des Hambacher Schlosses erreichen. Ein Zusammenwirken der unterschiedlichen Energien.

**Der Souverän „bittet zu Tisch" zum**

… für eine Deutsche Verfassung

… für einen neuen Gesellschaftsvertrag

… für eine zivilgesellschaftliche Bürgerbewegung

1.- 3. Mai 2015

Neustadt a.d. Weinstrasse

Unser Land, die Bundesrepublik Deutschland, erleben wir als Bürgerinnen und Bürger in einem eigenartigen Zustand:

statt dem Amtseid entsprechend "des Volkes Wohl zu mehren", erschöpfen sich Parteien und Regierungen in der Bedienung der Märkte und Beruhigung der Bürger;

soziale und kulturelle Errungenschaften unseres Volkes werden globaler ökonomischer Spekulation geopfert, Versorgungseinrichtungen und Infrastrukturen veräußert, immer mehr Menschen in prekäre Lebensverhältnisse gedrängt;

mit der zur Entscheidung anstehenden Freihandelszone (TTIP)

werden nicht nur soziale und ökologische Errungenschaften aus Profitgründen mächtigen Konzernen geopfert, sondern zugleich demokratische Rechte und Strukturen ausgehebelt.

Wir sind empört, denn wir lieben unser Land und wollen es nicht dem Raubzug der Konzerne und Casino-Banken preisgeben, sondern unseren „Kindern" anständig übergeben.

Doch "Zorn und Unzufriedenheit reichen nicht; so etwas muss praktische Folgen haben" (Bertolt Brecht).

Wir wollen die sozialethischen Werte Solidarität und Gemeinwohl in unserem Land fördern und sichern, sie neu als Politik und Bürger verpflichtende Staatsziele verankern.

Unser Weg: das seit 1949 als "Grundgesetz" geltende Provisorium endlich durch eine vom Volk in freier Entscheidung beschlossene Verfassung – einen neuen Gesellschaftsvertrag – abzulösen. Der Ansatzpunkt: Art.146 des Grundgesetzes!

Ein neuer Gesellschaftsvertrag – in Form einer Verfassung – kann aber erst dann vom Volk getragen und mit Leben erfüllt werden, wenn er in einem breiten, jedem Bürger zugänglichen Dialogprozess entwickelt wird.

Wir ergreifen die Initiative und laden zum „Runden Tisch": Bürger-Konvent am/beim „Hambacher Schloss" ein!!

Bitte bringen Sie sich, Ihre Anliegen und Anregungen in den als Bürgerdialog angelegten Runden Tisch zur Vorbereitung eines Verfassungskonvents ein: www.initiative-verfassungskonvent.de , www.deutschland-neu-starten.de und www.visionsofpolitics.de

Bitte investieren Sie Ideen, Zeit und Geld, um an diesem „Runden Tisch" teilzunehmen.

Als Bürgerinnen und Bürger dieser Bundesrepublik und damit als ihr Souverän wollen wir mit der „Initiative Verfassungskonvent" eine Bürgerbewegung anstoßen. Unser Ziel ist ein neuer Gesellschaftsvertrag in Form einer Verfassung, die Solidarität, Gerechtigkeit, Transparenz und Gemeinwohl garantiert.

Art. 146 GG

„Dieses Grundgesetz, das nach Vollendung der Einheit und Freiheit Deutschlands für das gesamte deutsche Volk gilt, verliert seine Gültigkeit an dem Tage, an dem eine Verfassung in Kraft tritt, die von dem deutschen Volke in freier Entscheidung beschlossen worden ist."

Josef Hülkenberg        Ralf Liebers        Joachim Sikora

# Bürgerwerkstatt und Dialog-Café

Wieder kamen über 30 Teilnehmer zur Beratung zusammen. Wieder waren etwa 2/3 von ihnen neu hinzugestoßen. Einführend konnte ich darlegen, wie aus Kritik und Empörung an den gesellschaftlichen Missständen sich die konstruktive Idee neuer Verfahren der politischen Entscheidungsprozesse entwickelte und zur „Initiative Verfassungskonvent" führte.

Mit „Brauchen wir eine neue Verfassung?" thematisierte Dr. Reinhard Stransfeld, Berlin, dass die bisherigen Verfassungskonstruktionen sich allein auf die Staatskonstruktion reduzierten. Die für die Gesellschaft wesentlichen Fragen der wirtschaftlichen Wertschöpfung, ihrer Organisation und Verteilung allerdings werden bei diesen Verfassungen ausgeklammert. Sie müssten heutzutage durch einen umfassenden Gesellschaftsvertrag erweitert und abgelöst werden.

Am Abend des 1. Mai präsentierte die Dokumentarfilmerin Johanna Tschautscher ihre Produktion „Too big to fail", in der sie der Spur des Geldes folgend die finanzpolitische Geiselhaft der Staaten und ihrer Bürger durch demokratisch nicht kontrollierte Banken aufzeigte.

Der 2. Mai stand ganz im Zeichen des Dialog-Cafés mit seiner Kernfrage: „Welche Ansprüche stellen wir an eine bürgerbasierte und zukunftsfähige Demokratie?" Die bislang gewonnenen Einsichten wurden von den Anwesenden geteilt. Wie aber ist der reformerische Prozess zu fördern? Wie ist ein Energiefeld zu stärken, damit echte Demokratie wirksam werden kann? Die Dialog-Cafés boten Raum für Ideenaustausch, Diskussionen und Verständigung. Diese Beratungen fanden ihren Niederschlag im Hambacher Konsens.

**Hambacher Konsens**

In Neustadt an der Weinstraße, unweit des Hambacher Schlosses trafen sich vom 1.-3. Mai 2015 über 30 Aktivisten unterschiedlicher Initiativen zu einer Bürgerwerkstatt über den angestrebten Verfassungskonvent.

Die Teilnehmer der Bürgerwerkstatt erklären:

1 Wir erkennen

1.1 das Bedürfnis der Menschen

(1)      nach Selbstverfügung in Frieden und einem gesicherten Lebensraum

(2)      nach einer Ordnung der Gesellschaft, die dieses Bedürfnis erfüllt.

1.2 die Notwendigkeit politischer Verfahren, die von der politischen Meinungsbildung im Volk über die politische Willensbildung des Volkes bis zur demokratischen legitimierten politischen Entscheidung reichen und sich an diesem Bedürfnis und seiner Erfüllung ausrichten.

(1)      Nur solche Verfahren verdienen das Gütesiegel DEMOKRATIE

2. Wir sehen,

2.1 dass die bisher entwickelten politischen Verfahren und Strukturen den Zielen der DEMOKRATIE nicht genügen, sondern sich inzwischen gegen sie richten und den Beherrschungsansprüchen ökonomischer Mächte dienen.

2.2 dass die bisher entwickelten „abendländischen" Staatsverfassungen diese Abkehr von DEMOKRATIE und die Neuausrichtung auf die Interessen "der Märkte" nicht verhindern konnten.

2.3 das daraus folgende, vielfache Engagement von Bürgern,

Initiativen und Verbänden zur Neuorientierung politischer Verhältnisse gemäß den Zielsetzungen der DEMOKRATIE

2.4 wie die in diesem Engagement entwickelten Lösungskonzepte von den gewählten Mandatsträgern in Deutschland missachtet und umgedeutet werden.

3 Wir treten ein

3.1 für einen konstruktiven, offenen gesellschaftlichen Dialog über die Wertorientierung und demokratische Legitimation des politischen Handelns,

3.2 für die Entwicklung politischer Verfahren und Strukturen, die sachpolitische Entscheidungen im Konsens des Volkes ermöglichen,

3.3 für einen zivilgesellschaftlich basierten Verfassungskonvent, der dem deutschen Volk einen Entwurf für die frei zu entscheidende Verfassung gemäß Artikel 146 GG erarbeitet.

4 Wir wollen dazu tun:

4.1 uns frei in die gesellschaftliche Diskussion um eine demokratische Neuorientierung einbringen,

4.2 viele Bürger für die Notwendigkeit einer gesellschaftlichen Veränderung durch die gemeinsame Arbeit an einer Verfassung sensibilisieren und gewinnen,

4.3 die Kooperation zwischen uns und anderen Initiativen, Gruppen und Organisationen für einen derartigen Verfassungskonvent verstärken und dafür geeignete Methoden, Veranstaltungen und Plattformen bieten und weiterentwickeln,

4.4 prominente und kompetente Förderer für diese Initiative gewinnen

4.5 in gemeinsamer Kampagne den Weg für diesen Verfassungskonvent ebnen.

# Die Planungen der Initiative Verfassungskonvent

Auf der Arbeitstagung mit Kooperationspartnern der Initiative im Oktober 2015 in Berlin schlug Ralf Boes vom Verein „Erneuerung der Bundesrepublik Deutschland an ihren eigenen idealen" einen Festival der Demokratie-Reformer vor. Stattfinden könne es zum 70. Jahrestag der Grundgesetz-Verabschiedung im Mai 2019 am Ort der ersten Beratungen – also am Chiemsee.

Die Idee wurde aufgegriffen und beraten. Das Festival könne Höhepunkt einer Kampagne werden die unter dem Motto „Der Würde wegen" für den Verfassungskonvent wirbt. So könnten bis 2019 weitere noch zu klärenden Fragen um Themenschwerpunkte, Organisationen und Zusammensetzung des Konvents beraten und geklärt werden. Offen blieb, ob das Festival zugleich Auftakt des Verfassungs-Konventes sei oder Auftakt zum Delegationsprozess dieses Konvents werden kann.

Eine weitere offene Bundeskonferenz im Oktober 2016 ist angedacht. Hier sollen verschiedene sachpolitische Reformvorhaben (Grundeinkommen, Tätigkeitsgesellschaft, Gemeinwohlökonomie etc.) befragt werden, was ihre spezifischen Beiträge zur Sicherung der Menschenwürde sind. Wie korrespondieren sie miteinander und welche verfassungsrechtlichen Rahmenbedingungen zur Realisierung brauchen sie?

Über dem Planungsstand der Initiative informiert

**http://www.initiative-verfassungskonvent.de/**

# Wie wirksam ist das Engagement?

„Der Würde wegen" – geplant war ein Zwischenbericht zur Arbeit der Initiative. Dass daraus nun mehr wurde, hat unterschiedliche Gründe. Es entstand die Idee, Mitstreiter der Initiative einzuladen, sich mit eigenen Beiträgen und Überlegungen zu den Grundwerteartikeln des bestehenden Grundgesetzes einzubringen. Als Reaktion auf diese Einladung wurden Fragen an die Initiative herangetragen, die es gründlich abzuwägen und zu beantworten galt. So wurde gefragt nach dem Verhältnis der Initiative zu anderen Akteuren, die auf anderen Wegen die Machtverhältnisse in der Bundesrepublik verändern wollen. Zu bedenken und zu beantworten war dadurch die Position der Initiative im Gesamtspektrum der Demokratiereformer.

Diese Überlegungen führten zu weitere Fragen und weiteres Nachdenken:

- Welche Resonanzen erhielten wir zu den Ergebnissen der bisherigen Konferenzen?
- Welche Wirkungen lösten die von uns erarbeiteten Einsichten aus?
- Wo sind die Mitinitiatoren, Akteure und Teilnehmer der bisherigen Konferenzen verblieben? Warum sind sie nicht mehr bei den Mitwirkenden? Wofür engagieren sie sich inzwischen?
- Wie steht es mit der Vernetzung bisheriger Tagungs-Teilnehmer? Konnten wir ein Energiefeld bilden?
- Konnten wir über den angestrebten Bürgerdialog auf die politische Debatte einwirken?
- Wie weit ist uns eine Um-Orientierung der politischen Debatte von der Zuständekritik, Delegitimation und Destruktion hin zur konstruktiven Demokratieentwicklung gelungen?
- Wie und wo tragen unsere Einsichten und Erklärungen zu einer Kultivierung moderner Demokratie bei?

Die Debatte um nationale und europäische Flüchtlingspolitik und die Wahlkämpfe zur Drei-Länder-Wahl vom 13. März 2016 offenbaren eine

Verwahrlosung demokratischer Kultur durch alle Parteien und gesellschaftlichen Schichten. Die wachsende Wahlbeteiligung dieses Wochenendes kam den Populisten zugute, als Denkzettel-Wahl delegitimierte sie die arrivierte politische Klasse und hievte die Demokratieverweigerer der AfD zur starken parlamentarischen Opposition.

Nehmen wir diese Entwicklung und die eigene Zwischenbilanz zum Anlass, unsere Strategie zu überdenken?

Nüchtern betrachtet, agiert die Initiative Verfassungskonvent zunehmend im resonanzarmen bis resonanzfreien Raum. In bisher vier offenen bundesweiten Konferenzen wurden grundlegende Einsichten zu den Ansprüchen moderner Demokratie erarbeitet. Diese Einsichten sind geeignet, zur Kultivierung eines modernen demokratischen Verhaltens beizutragen. Zu solcher Kultivierung allerdings bedarf es Partnerschaften mit Bildungsträgern, die über ihre Multiplikatoren breite Bevölkerungskreise erreichen. Derartige Partnerschaften haben wir nicht aufgebaut. Gesellschaftlich relevante NGO gehören nicht zu unseren Kooperationspartnern.

Die Arbeit am Manuskript „Der Würde wegen" nötigte mir eine gründliche Reflexion unserer bisherigen und zukünftigen Strategie auf. Die offenen Bundestagungen von Bad Honnef (2012) bis Neustadt (2015) haben uns zu guten Einsichten über die Ansprüche moderner Demokratie geführt. Nun aber gilt es, diese Einsichten sowohl zu Verfahrensregeln zu formen wie auch als wirksames demokratisches Verhalten zu kultivieren. Ein Verfassungskonvent, wie wir ihn anstreben, wird erst erfolgreich starten können, wenn er vom konstruktiven Verhalten und Willen breiter Bevölkerungsschichten getragen wird. Von solchem Verhalten und Willen ist derzeit nur wenig erfahrbar.

In den Beratungen und Tagungen der Initiative Verfassungskonvent wirkten Frauen und Männer mit, die sich mit den sozialen, kulturellen, wirtschaftlichen und politischen Zuständen nicht abfinden wollen. In sehr verschiedenen und unterschiedlich ausgerichteten Projekten engagieren sie sich in der Abwehr Demokratie gefährdender Entwicklungen wie CETA/TTIP, der Orientierung an den Marktmächten oder einer europäischen Abschottungspolitik. Andere setzen ihre Kräfte ein, um durch konstruktive Gestaltungskonzepte politischen Einfluss zugunsten einer humaneren Gesellschaft zu erlangen. Neuorientierung des Gesundheitswesens, der Geldmarktpolitik, der Wirtschafts- und Sozialpolitik oder der Schulpolitik stehen auf ihrer Agenda. Zusammengebracht hat sie der Gedanke, dass sowohl die Abwehr politischer Bedrohungen als auch die Entwicklung Gemeinwohl förderlicher Zustände der grundlegenden Neubesinnung politischer Entscheidungs- und Verantwortungsstrukturen bedarf.

Nicht das persönliche Fehlverhalten von Mitgliedern der politischen Klasse stand dabei im Zentrum der Betrachtungen. Vielmehr ging es um die Bedingungen, die zur Ausformung und demokratischen Verwerfung einer politischen Klasse führen.

Anforderungen an moderne, zeitgemäße Demokratie wurden ausgearbeitet und in den Tagungen als gemeinsame Erklärungen fixiert.

- Wie lässt sich der gesellschaftliche Prozess von unterschiedlicher Meinungsbildung in der Bevölkerung zu spezifischen politischen Fragen über eine politische Willensbildung des Volkes zu einer demokratisch legitimierten und kontrollierten politischen Entscheidung gestalten?

- Wer wird wie legitimiert, die klassischen, geteilten Staatskompetenzen (Legislative, Exekutive, Judikative) im Namen des Volkes wahrzunehmen?

- Wie lässt sich reglementieren, dass diese Ausübung der Kompetenzen tatsächlich im legitimierten Handlungs-rahmen stattfindet?

Allerdings ist es nur unzureichend gelungen, ein wirksames Energiefeld zur Demokratie-Entwicklung aufzubauen. Zu schnell ließen sich die Tagungsteilnehmer von ihrem spezifischen, punktuellen Engagement einholen und in Beschlag nehmen. Begonnene Kooperationen orientierten sich dann weniger am gemeinsamen Reform-Interesse, sondern an der jeweiligen Nützlichkeit für das eigene Anliegen.

Auch ist die Verlockung groß, komplexe und komplizierte Systembedingungen auf einfache, simple Lösungen zu reduzieren. Als könne die De-Legitimierung des geltenden Politik-Systems schon eine bessere Gesellschaft herbeizaubern. Aber kann die berechtigte Kritik an den Macht- und Entscheidungsstrukturen gipfeln in einem „Wir wollen das nicht mehr!"? Wer nicht darlegt, **wie** nach seiner Auffassung aus der

Meinungsvielfalt einer wertepluralen Bevölkerung Lösungen für sach-
politische Herausforderungen entwickelt und über den politischen
Willen des Volkes zur breit akzeptierten Entscheidung geführt werden
können, spielt Populisten in die Hand. Rhetorische Rückgriffe auf den
Volkssouverän oder die lautstarke Skandierung des Revolutionsrufes
„Wir sind das Volk" heizen dann nur die Emotionen an. Auf diese
Weise wird nicht einer Demokratie-Entwicklung, sondern der Pöbel-
herrschaft (Ochlokratie) der Boden bereitet.

Wie schnell derartige Verwahrlosung politischer Kultur um sich greift,
erleben wir an der Entwicklung der PEGIDA und dem politischen
Rechtsruck in verschiedenen Ländern Europas. Populistische Anbiede-
rung traditioneller Parteien anstelle konstruktiver Orientierung an den
Menschenrechten und der ihnen zugrunde liegenden Menschenwürde
bereitete den Boden für das Debakel der „Drei-Länder-Wahl" vom 13.
März 2016. Das andauernde Demokratieversagen der etablierten, in-
zwischen oligarchischen Parteien und der von ihnen getragenen demo-
autären Regierungen förderte den Dammbruch und spülte die „braune
Flut" in die Landesparlamente. Nach den Analysen der ZDF-
Forschungsgruppe Wahlen gaben 75 % der AfD-Wähler als Motiv ihrer
Wahl an, sie wollten den Etablierten einen Denkzettel verpassen.

Solche Denkzettel-Wahlen lassen sich auch als Hinweis verstehen, dass
ein Großteil der Bürger keinen anderen, konstruktiven Weg sieht, Einfluss auf die Regierungspolitik zu nehmen. In der Entwicklung vom
neuzeitlichen Feudalstaat zu echter Demokratie ist die Bundesrepublik
Deutschland wie die meisten europäischen Staaten in der Entwick-
lungsstufe der „parlamentarischen Regierung" steckengeblieben. Dabei
darf das Volk aus einem von den Parteien dominierten Kandidaten-
kreis ein Parlament wählen, dieses wiederum wählt mit seiner Partei-
enmehrheit einen Regierungschef. Dieser ernennt sein Kabinett und
regiert fortan ohne Rückkopplung an das Volk, allein gestützt durch
seine parlamentarische Mehrheit. Diesen Regierungsstil bezeichnete
der Verfassungsrechtler Karl Löwenstein bereits 1959 als „demoautär".

Monarchie und faschistische Willkürherrschaft hatten die Bürger einst
zu Untertanen degradiert, die parlamentarische Regierung war ein
Schritt in Richtung Demokratie. Doch bei diesem Schritt ist es geblie-
ben, auch wenn die Ansprüche an Demokratie sich wandelten. Anti-
quiertes Eigentumsverständnis gekoppelt an eine neoliberale Wirt-

schaftsideologie tat ihr übriges, umfassende moderne Demokratie zu verhindern.

„Monetanien" hatte ich an anderer Stelle diese von Kapitalinteressen beherrschten Gesellschaften benannt.[10] Der Auszug von „Monetanien" nach „Democratien"[11] ist keineswegs eine einfache oder simple Kaffeefahrt mit populistischen Animateuren und Reiseleitern. Der Weg aus heutiger Demokratur in eine moderne Demokratie ist eine Zumutung. Eine Zumutung nicht allein für die derzeitigen Machthaber, sondern vor allem für diejenigen, die solche moderne Demokratie wollen. Denn es gilt, neue politische Kultur zu entwickeln. Eine Kultur der solidarischen, gesellschaftlichen Selbstverantwortung. Dieser Prozess der Kultivierung und Neuorganisation hat alle gesellschaftlichen Subsysteme zu umfassen

.

### Ein Strategiewechsel ist überfällig

„Die Dinge, die der Friseur nicht versteht, sind auch nicht wirklich wichtig", begründete der Mediziner, Theologe, Psychotherapeut und Bestsellerautor Manfred Lütz in einer Talkrunde den einfachen Sprachstil seiner Bücher. Je komplexer ein Sachverhalt, umso einfacher müsse die Sprache sein.

Einfache Sprache kann komplexe Probleme und ihre Lösungen nachvollziehbar machen. Doch einfache Sprache und einfache Lösungen sind nicht gleichzusetzen. Einfache Lösungen sind keine Perspektive.

Wer mit einfachen Lösungen den Wettlauf mit den Rechtspopulisten aufnehmen will, hat schon an der Startlinie verloren. Während wir die Idee für einen zivilgesellschaftlichen VERFASSUNGSKONVENT entfalteten und in die Debatte brachten, haben die rechtsnationalen Brandstifter eine europäische Liga geschaffen und preisen sie als Feuerwehr des Volkswillens an.

Schauen wir uns um: Stimmengewinne und wachsende Medienpräsenz hierzulande für die AfD. Gleiche Entwicklungen in den anderen

---

[10] Nur mal angenommen… … Demokratie ginge anders, 2016², Seite 71 ff.

[11] a.a.O. S. 268 ff

europäischen Ländern. Hier erstarken SVP(CH), FPÖ (A), Front Natio-
nal (F), Vlaams Belang (B), Lega Nord (I), Dansk Folksparti (DK).

„In Norwegen, Schweden, Dänemark, Lettland, Litauen, Österreich,
Ungarn, der Slowakei, Slowenien, Bulgarien und Griechenland stellen
sie Abgeordnete. In Frankreich feiert Präsidentschaftskandidatin Mari-
ne Le Pen ihr Umfragehoch. In Italien und der Schweiz sitzen die Rechten in der Regierung, in den Niederlanden tolerieren sie den Minister-
präsidenten und seine Mannschaft", schrieb der SPIEGEL bereits
2011.[12]

Inzwischen sind auch in Finnland die Rechten ins Parlament gezogen,
in Polen hat die Partei Recht und Gerechtigkeit (PiS) die Regierungs-
verantwortung übernommen.

In gleicher Zeit, da wir in Arbeitstagungen und Bundeskonferenzen die
Souveränität freier Bürger für moderne Demokratie herausarbeiteten,
übernahmen die Rechtspopulisten den Revolutionsruf der Jahre 1789
und 1989 „Wir sind das Volk" und okkupierten ihn für ihr völkisches
Treiben. Wollen wir in der Tradition der Aufklärung und zugleich auf
der Basis des heutigen Wissens vom Menschen moderne Demokratie
entwickeln, reicht die Planung eines Konventes nicht aus. Im populistischen Lärm unserer Zeit werden die ruhigen Töne überhört. Selbst ein
Gegengeschrei anzuzetteln ist kontraproduktiv. Es hilft den Bürgern
nicht und der Adrenalinspiegel blockiert das eigene Denken. Eben das
aber ist gefordert! Ein tieferes Durchdringen der komplexen und kom-
plizierten Situationen wird uns abgefordert. Ein Durchdenken in kla-
ren, präzisen Begriffen, damit wir unser Anliegen und unsere Lö-
sungsvorstellungen in einfacher Sprache darlegen können.

Die, welche wirklich mehr der Würde wegen die Demokratie entwickeln wollen, müssen den harten, steinigen Weg in den Alltag der Bürger finden.

Dort und nur dort im Lokalen und Kleinräumigen ist moderne Demokratie zu verankern.

---

12 http://www.spiegel.de/politik/ausland/europaeischer-rechtsruck-auftritt-der-anti-euro-krieger-a-757699.html

Dort und nur dort können Bürger aus eigenen Kompetenzen Lösungen der immer neuen politischen Dilemmata entwickeln.[13] Dort läßt sich der Populismus effektiv demaskieren.

Dort und nur dort sind die Menschen zu fördern, die politisches Handeln auf regionaler, nationaler und internationaler Ebene zu legitimieren haben.

Bundesweite Konferenzen und Strategietagungen können weiterhin Sinn haben, wenn sie den Weg in den Alltag der Bürger begleiten. Sie verlieren ihren Sinn, wollen sie diesen Weg ersetzen.
Der nötige Strategiewandel erfordert ein Umdenken. Unwichtig wird die Frage, wie Menschen als Unterstützer für die Ideen der Verfassungsreform gewonnen werden können. In den Mittelpunkt rückt die Frage, wie Bürger im Wahrnehmen ihrer demokratischen Souveränität gefördert werden können. Erst wenn dieses Denken und Handeln in demokratischer Souveränität das Handeln der Bürger in ihrem Alltag prägt, wenn es sich in ihren neuronalen Netzen manifestiert hat – erst dann wird der Verfassungskonvent erfolgreich sein. Der von solchem Konvent vorgelegte Entwurf einer Verfassung wird dann nicht Auslöser, sondern Ergebnis einer Demokratiereform sein. Einer Demokratiereform, für die die INITIATIVE VERFASSUNGSKONVENT 2011 angetreten ist.

Politik in der unantastbaren Würde der Menschen zu verankern ist eine Herausforderung, die mit Mut anzugehen ist. Solche Demokratie ist eine Zu-Mutung an jeden Bürger. Eine Zumutung an Souveränität und politische Kompetenz, eine Ermutigung zur Kultivierung moderner Demokratie.

Demokratie ist eine Zumutung! Es liegt in unserer Entscheidung, ob wir über die Mängel praktizierter Politik nur lamentieren wollen oder uns für die Weiterentwicklung des demokratischen Systems engagieren. Solches Engagement aber bedeutet
- unsere Fähigkeiten entdecken und entfalten
- unsere Fertigkeiten trainieren
- unsere Kompetenzen gezielt einbringen.

---

13 Nur mal angenommen… … Demokratie ginge anders, 2016², Seite 215 und 295

# Ein Würde-Filter

aus J. Hülkenberg „Frei zu lieben", 2012, S.88

Wurde eine sachliche, kompetente Regelung entwickelt in Politik oder Geschäft, bedarf sie vor der endgültigen Vereinbarung eines Liebes-Check, einer Würde-Folgen-Prüfung.

<u>Nicht</u>: Was würde diese Entscheidung für meine Karriere bedeuten?

<u>Sondern</u>: Welche Wirkungen haben unsere Pläne auf das Zusammenleben der Menschen? Werden Würde oder Lebenschancen irgendeines Menschen durch die beabsichtigte Regelung beeinträchtigt?

**Würde ist mehr als ein Konjunktiv.**

# B.  Zu den Autoren

## Ute Behrens

studierte Betriebswirtschaftslehre und kommt aus dem Projekt-, Prozess- und Qualitätsmanagement. Über diverse Auslandsaufenthalte in den Ländern Südeuropas, USA und Lateinamerika wurde ihr klar, dass wir alle Weltbürger sind. Mittlerweile engagiert sie sich im Bereich der Sozialpolitik, wirbt für das Bedingungslose Grundeinkommen (BGE) und ein anderes Gesellschaftsmodell, das sich auch in einem eigenen Verfassungsvorschlag widerspiegelt.

www.initiative146.de


## Ralph Boes
*11.2.1957 in Rheinland-Pfalz
Studium von Philosophie und Geisteswissenschaften
16 Jahre Krankenpflege und Sterbebegleitung
Buchautor „Gedanken vom Kosmos"
Ehemaliger Ergotherapeut/Sozialarbeiter/Manager in einer Seniorenresidenz,
Gründungs- und Vorstandsmitglied der Bürgerinitiative bedingungsloses Grundeinkommen e.V., Berlin (2006),
Arbeit für die Wiedererlangung der durch Hartz IV außer Kraft gesetzten Menschenrechte in Deutschland, Gründungs- und Vorstandsmitglied des "Vereins zur  Erneuerung der Bundesrepublik an ihren eigenen Idealen e.V." Berlin (2015) www.artikel20gg.de

**Dr. Hans-Jochen Gscheidmeyer**

Bremen (Jahrgang 1944)

Abitur (humanistisches Gymnasium) und Studium der Chemie mit Promotion (4 Jahre wiss. Assistent). Manager beim Unilever Konzern (Forschung+Entwicklung, Werksleiter, Geschäftsführer), davon knapp 9 in Skandinavien. Im Ruhestand Studium der Philosophie, Weiterbildung zum Coach, Gründung einer Beratungsfirma und eines gemeinnützigen Vereins mit gesellschafts-politischem Anspruch www.concretio.de


**Josef Hülkenberg**

*1951, Bocholt/Westfalen

Freiberuflicher Dipl.-Sozialpädagoge, Schwerpunkt politisch-soziale Bildung,

Mitbegründer und Vorstand REGIONALER AUFBRUCH e.V.,

Mitbegründer und bis März 2016 im Koordinatorenteam der INITIATIVE VERFASSUNGSKONVENT,

Mitglied der deutschen Arbeitsgruppe des WORLD FUTURE COUNCIL

Buchautor

www.huelkenberg.de,

www.denkbar-mobil.de

**Heiko Lietz**,

geb. 1943 in Schwerin

Diplom-Theologe in DDR-Opposition

1970 bis 1980 Gemeindepfarrer in der Domgemeinde Güstrow und nebenamtlicher Jugend- und Studentenpfarrer.

Sept. 1989 Beitritt zum NEUEN FORUM und später in dessen Republiksprecherrat und an den Zentralen Runden Tisch gewählt.

1990 bis 1995 Landessprecher des Neuen Forums in Mecklenburg-Vorpommern, anschließend von Bündnis 90/Die Grünen.

Mitbegründer des 1. Sozialforums in Deutschland und des Regionalforums West-Mecklenburgs.

Als Sprecher des Bürgerbündnisses für Demokratie und Menschenrechte in Schwerin erhielt er 2010 den Bündnispreis für Demokratie und Toleranz.

**Paperback 10,00 EUR**
inkl. MwSt.
Seitenanzahl: 156
ISBN: 978-3-8491-1747-4 Größe:
14,8 cm x 21,0 cm
Erscheinungsdatum: 11.09.2012

# Visionen-Reader II

## Von der Vision zur Deutschen Verfassung

**Joachim Sikora**
*Politik & Geschichte*
Ausgehend von "Erwartungen an eine Deutsche Verfassung" werden verschiedene Visionen mit den Schwerpunkten "Wirtschaft", "Region" und "Soziale Sicherung" vorgestellt.
Das Buch konzentriert sich aber auf den Bereich "Politik" und hier auf demokratische Reformkonzeptionen, neue Verfassungsmodelle und die Realisierung einer basisorientierten, partizipativen Demokratie.

**Überarbeitete und erweiterte Neuauflage Mai 2016**

**Paperback**
**14,99 EUR** inkl. MwSt.
Seitenanzahl: 344

ISBN:
978-3-7345-3269-6 (Paperback)
978-3-7345-3270-2 (Hardcover)
978-3-7345-3271-9 (e-Book)

Größe: 14,8 cm x 21,0 cm

Erscheinungsdatum der Erstauflage: 16.11.2015

# Nur mal angenommen ... ... Demokratie ginge anders

**Auf der Spur einer Sehnsucht und den Bedingungen ihrer Realisierung**

**Josef Hülkenberg**
*Politik & Geschichte*

Welche Urkraft bricht sich Bahn, wenn sich Menschen massenhaft für Volksabstimmungen, Bürgerbeteiligungen und partizipative Demokratie engagieren?
Es ist eine Herausforderung an jede Demokratiereform, die Selbstregulation der Gesellschaft freier Menschen sowie den dazu förderlichen Aufbau des Staates in diesen Kompetenzen der Bürger und der dadurch ausgelösten gesellschaftlichen Dynamik zu verankern.
Mit leichter, oft humorvoller Sprache führt der Autor die Leser ein in die abenteuerliche Welt der Demokratiereform.

## Über tredition

Der tredition Verlag wurde 2006 in Hamburg gegründet. Seitdem hat tredition Hunderte von Büchern veröffentlicht. Autoren können in wenigen leichten Schritten print-Books, e-Books und audio-Books publizieren. Der Verlag hat das Ziel, die beste und fairste Veröffentlichungsmöglichkeit für Autoren zu bieten.

tredition wurde mit der Erkenntnis gegründet, dass nur etwa jedes 200. bei Verlagen eingereichte Manuskript veröffentlicht wird. Dabei hat jedes Buch seinen Markt, also seine Leser. tredition sorgt dafür, dass für jedes Buch die Leserschaft auch erreicht wird

Autoren können das einzigartige Literatur-Netzwerk von tredition nutzen. Hier bieten zahlreiche Literatur-Partner (das sind Lektoren, Übersetzer, Hörbuchsprecher und Illustratoren) ihre Dienstleistung an, um Manuskripte zu verbessern oder die Vielfalt zu erhöhen. Autoren vereinbaren unabhängig von tredition mit Literatur-Partnern die Konditionen ihrer Zusammenarbeit und können gemeinsam am Erfolg des Buches partizipieren.

Das gesamte Verlagsprogramm von tredition ist bei allen stationären Buchhandlungen und Online-Buchhändlern wie z. B. Amazon erhältlich. e-Books stehen bei den führenden Online-Portalen (z. B. iBook-Store von Apple) zum Verkauf.

Seit 2009 bietet tredition sein Verlagskonzept auch als sogenanntes „White-Label" an. Das bedeutet, dass andere Personen oder Institutionen risikofrei und unkompliziert selbst zum Herausgeber von Bücher und Buchreihen unter eigener Marke werden können.

Mittlerweile zählen zahlreiche renommierte Unternehmen, Zeitschriften-, Zeitungs- und Buchverlage, Universitäten, Forschungseinrichtungen, Unternehmensberatungen zu den Kunden von tredition. Unter www.tredition-corporate.de bietet tredition vielfältige weitere Verlagsleistungen speziell für Geschäftskunden an.

tredition wurde mit mehreren Innovationspreisen ausgezeichnet, u. a. Webfuture Award und Innovationspreis der Buch-Digitale.

tredition ist Mitglied im Börsenverein des Deutschen Buchhandels.